퇴계가 소년들에게

최 재 목

지식과교양

| 序文 |

1

'퇴계는 평소 어떤 생각으로 지냈을까?' 이런 생각을 하며, 문득 퇴계의 『일기』[日錄]를 읽은 적이 있다.

퇴계 54세 되던 해 갑인년(1554년, 명종 9년) 2월(음력) 17일. 일기에 이렇게 적고 있다.

「학이종신(學以終身)」.

「배움으로써 삶을 마친다」는 뜻이다. 아! 얼마나 멋진 각오인가. 「배움에 삶(목숨)을 걸고, 배우면서 평생을 살겠다!」는 진정성이 들어있다.

음력 2월 17일이니 양력으로 보면 3월의 봄날이다. 따스해지는 봄날 저녁, 하루의 일들을 정리하면서 퇴계는 왜 하필 이 말을 적었을까?

봄 바람 소리 나즉하게 들리며 차츰 고요해지던 창 가, 책상에 앉아 「배우면서 삶을 마친다」고 했던 퇴계. 자신의 일기장에 조용히 붓을 대던 그의 머리엔 어떤 생각이 맴돌고 있었을까?

54세의 퇴계. 서울에서 벼슬을 하고 있었지만 휴가를 받지 못해 귀향하지 못했다. 그래서 아들(준)에게 여러 통의 편지를 보내 손자 몽아의 독서지도나 아들(준)의 과거 응시에 대한 의견을 말하거나 고향 소식을 물으며 귀향을 계획하고 있었던 시기이다[이에 대해서는 이장우·전일주 편역, 『퇴계 이황 아들에게 편지를 쓰다』, (연암서가, 2008) 참조].

관직에 있으면서 귀향하여 가족들 가까이서 공부나 하며 살고 싶다는 생각. 퇴계의 머리 속에는 퇴계 마을로 돌아가는 것, 귀향의 꿈이 맴돌고 있었을 것이다.

독일의 서정시인 횔덜린(Holderlin, Johann Christian Friedrich. 1770-1843)이 '고향'(DIE HEIMAT)이란 시에서 「나도 정말 고향 찾아 가고 싶구나」라고 읊었듯이, 고향은 아무 조건 없이 다가가서 안기고 싶은 어머니의 품 같은 삶의 원초적 공간인 것이다. 당연히 귀향 후의 공부는 '남을 위한' 것이 아닌 '나 자신을 위한' 공부였을 것이다.

중국의 경극 배우 개규천(蓋叫天, 1888~1971)도 자신의 좌우명을 「배워서 늙음에 이른다(學到老)」라 한 적이 있다. 그러나 개규천의 말보다 퇴계의 「학이종신」이란 말은 배움을 삶(목숨)의 전면에 내세워, 죽음과 맞바꿀 정도의 절실함을 잘 보여준다.

2

퇴계는 공적 사적으로 많은 편지를 썼다. 친인척, 지인 등에게 및 아들과 손자 등, 전화나 이메일이 없던 그 시절에는 흔히 소통의 수단으로 편지를 썼다. 공적인 것이 아닌 가족이나 친구에게 보내는 사적인 편지는, 논리적이고 지적인 논문과 달리, 하고 싶은 속마음을 솔직하고도 정감 있게, 그리고 주변 있게 표현할 수 있다는 장점을 갖는다.

퇴계는 많은 사람들에게 편지를 보냈지만, 그 가운데서도 아들이나 손자에게 보낸, 간절히 벼슬에 나아가기를 권하는 편지는 인간 퇴계를 속내를 보여주는 대목이라 할만하다. 아버지로서, 할아버지로서, 자잘하고도 진지한, 크고도 애절한 삶의 이야기를 쏟아낸다. 그런데, 무엇보다도 눈여겨 볼만한 것은 아들과 손자에게 '젊은 날의 배움'을 말한 대목들이다. 오늘날에 읽어도 '별반 세태는 다름 없구나!' 라는 것을 느낀다. 퇴계의 이런저런 잔소리 같은 이야기들은 구구절절 가슴에 스며들 듯 자상하고도 진술하다.

아버지, 할아버지이면 누구나 들을만한 잔소리. 「아이고 이 녀석아 제발 놀지 말고 공부 좀 하거래이! 제발 공부 좀 하거래이! 그러쿰 놀다가 우얄라 카노! 뭐 될라고 그 카노!」 이런 내용의 이야기를 퇴계도 하고 있었던 것이다.

그렇다. 퇴계는 한 인간의 모습에서 젊은 날의 배움을 말하고 삶을 말하며, 경험에서 얻은 지혜를 전하는 것이다.

편지 뿐 인가? 퇴계는 시(詩)에서, 가훈(家訓)에서, 그리고 제자들이 편집한 어록(語錄)(『퇴계선생언행록』) 등에서 젊은 날 소년들이 어떻게 삶을 보내야 할지, 삶을 어떻게 사는 것이 좋을 지, 갈피를 못 잡는 삶을 위하여 가이드라인이 될 만한 말을 객관적이고도 따사롭게 전한다.

3

이미 돌아가신 대학 시절 나의 은사 중 한 분은 야유회나 모임에서 노래를 부르시라고 재촉하면 떠밀린 끝에 노래 대신에 다음의 시조 한 수를 빠짐없이 읊으셨다. 고려 왕조의 패망을 슬퍼한 목은(牧隱) 이색(李穡. 1328~1396)의 시조이다.

> 백설이 잦아진 골에 구름이 머흘에라
> 반가운 매화는 어느 곳에 피었는고
> 석양에 호올로 서서 갈 곳 몰라 하노라.

눈을 지긋이 감고 당신께서는 '석양에 호올로 서서 갈 곳 몰라 하노라'의 끝구절 '갈 곳 몰라 하노라!'를 몇 번이고 되 뇌이셨다. 지금 돌이켜 생각해보면 80년대 초반의 음산한 국내의 분위기, 불안한 대학의 상황을 떠올리시며 우리 사회나 지성의 위기를 걱정했던 것 같다. 그 벼랑 끝에 당신이 서 계시면서 우언가의 '의미'를 찾고 계셨을 것이다. 어쩌면 '인문' 정신은 본래 시대의 위기라는 '벼랑'을 찾아다니며 우리에게 삶을 성찰하게 하고 또 삶의 의미를 묻도록 다그쳐왔다.

오늘날이라고 삶이 평탄한 것도 아니다. 오늘날은 오늘날대로 더욱 보편화되고 지구적 차원으로 확대된 형태의 많은 불안, 위기 상황에 처해 우리 모두 갈피를 못 잡고 '갈 곳 몰라 하며' 쩔쩔매고 있는 것이 아닐까.

퇴계의 경건하고도 꼿꼿한, 그러면서 따사롭고 차근한 목소리는 '갈 곳 몰라 하는' 우리들에게, 그리고 미래를 짊어질 소년들에게, 스스로의 생애에서 가장 소중한 것(=의미)이 무엇인지를 생각하도록 해 줄 것이다.

4

이 책에서는 퇴계 관련 글 가운데서도, 아들 준, 손자 안도 등에게 보낸 편지, 시(詩), 『퇴계선생언행록』, 『퇴계가훈』[1] 등에서 소년들에게 메시지를 전해줄만한 구절들을 가려 뽑았다. 그리고 중학생 이상이면 누구나 쉽게 접할 수 있도록 문장을 풀어 쓰고, 필요시에는 도판 및 설명, 간략한 해설을 덧붙였다.

원래 이 책은 〈영남 퇴계학 연구원〉에서 비매품으로 간행했었다. 그런데 비매품이라 관심 있는 일반 독자들이 접할 수가 없다. 따라서 연구원 측의 동의를 얻어 일반인들에게 읽힐 수 있도록 다시 간행하게 되었음을 밝혀둔다.

2018년 3월

최 재 목

---

1) 이 한글 번역은 최승범, 『퇴계가훈으로 보는 인생의 소중한 지혜』, (서울: 새론북스, 2002)을 많이 참고하였음.

|목 차|

퇴계가 소년들에게

01.
죽을 때까지 배워야 한다

배움으로써 삶을 마친다,
'학이종신(學以終身)'

- 『일기』[日錄] (54세, 2월 17일)

세월은 흐르는 물과 같아

청춘은 늘 머물러 있는 것이 아니다.

(…)

젊어서 배우지 않으면 늙어서 후회하리니

어릴 적부터 부지런히 학업(學業)을 이루어라.

－『퇴계가훈』

▌서기 書几(도산서원 유물
전시관 소장)

'학이종신(學以終身)' 아마도 이 말은 퇴계의 삶과 사상을 함축하고
있다고 생각한다. 묻고 배우는 일보다 더 크고 순결한 삶이 어디 있겠
는가? 퇴계는 자신의 삶의 근저에 들어서서 스스로의 삶을 '학(學)'이
란 한 글자로 획을 긋고 있는 것처럼 보인다.

퇴계는 흐르는 물처럼 나를 바꿔야 한다고 생각했다. 그래서 「세월
은 빨리도 번갈아 바뀌네./젊어서 학업에 힘을 써야지」[1]라고 하였고,
「도산십이곡(陶山十二曲)」 제 5곡에서는 이렇게 읊었다.

> 청산(靑山)은 어찌하여 만고에 푸르르며
> 유수(流水)는 어찌하여 주야에 긋지 아니 하는고
> 우리도 그치지 말고 만고상청(萬古常靑)[2]하리라

---

[1] 「한서시아준민생응기(寒栖示兒寯閔生應祺)」 중 두 번 째 시(「양정(養靜)」).
[2] '아주 오랜 세월 동안 변함없이 언제나 푸름'의 뜻.

02.
배움에 차별은 없다
- 대장장이 배순(裵純)에게 배울 기회를 주다 -

퇴계의 인간에 대한 시선에는 '차별'이 없었다.

공자는 '가르침에 차별이 없다(有敎無類)'[3]고 하여 배우고자 하는 사람에게는 누구에게나 배움의 문을 개방하였다. 이처럼 퇴계도 가르침에 차별을 두거나 하지 않았다.

즉 퇴계의 이러한 정신은 대장장이[=야공冶工]라는 당시의 낮은 신분에게도 차별 없이 배움의 기회를 주었다는 데서 잘 드러난다.

우리는 흔히 천원권 지폐를 통해 퇴계의 모습을 만나지만 이것은 실제의 모습이 아니라 현대에 새롭게 재현된 퇴계의 모습이다.

아마도 퇴계의 모습을 처음으로 재현한 것은 대장장이 배순(裵純)

---

3) 『논어(論語)』 「위령공편(衛靈公篇)」에 나오는 말. 호향(互鄕)이란 곳은 풍기가 문란하고 천한 직업의 사람들이 사는 곳이었다. 어느 날 그곳에 사는 한 아이가 공자를 만나러 왔는데 제자들이 그를 그냥 돌려보내려고 했다. 그런데 공자는 그 아이를 맞이하여 그가 묻는 말에 친절히 대답해 주었다. 제자들이 공자의 이러한 태도를 보고 의아해 하였는데, 그때 공자는 「사람들이 깨끗한 마음으로 찾아오면 그 마음만을 받아들이면 됐지 그 사람의 과거와 행동까지 따질 것이 있느냐.」라고 말했다. 이처럼 공자는 제자들의 보여준 가르침에 대한 차별 의식에 대해 안타까워 했다.

으로 보인다. 그는 쇠로 만든 상[=철상鐵像)을 만들어 퇴계상의 역사에서 처음을 기록한다. 그러나 아쉽게도 이것이 전하지 않기에 그 모습을 추정할 수는 없다.

1548년 10월부터 풍기군수로 1년을 재직하는 퇴계는 우리나라의 최초의 사액서원(賜額書院)⁴⁾인 백운동서원(白雲洞書院)을 만들고 많은 제자들을 받아들여 가르쳤다. 그는 계급의 귀천을 차별하지 않고 천민까지도 교육하였다. 이 때 대장장이 배순(裵純)도 퇴계에게 배울 기회를 얻는다.

배순이 살았던 곳은 소수서원(紹修書院)에 가까운 배점리였으며, 직업은 야공(冶工) 즉 대장장이였다. 그는 신분이 비천함에도 학문을 좋아하였고, 퇴계가 백운동서원에서 가르칠 때 자주 뜰아래에 와서 돌아갈 줄 모르고 즐겨 청강하였다. 이에 퇴계는 그가 얼마나 알고 있는가를 시험해 보았는데, 아는 것이 많았으므로 기특하게 여긴 퇴계는 다른 사람들과 함께 가르쳤다고 한다.

1549년 11월 퇴계는 풍기군수를 그만두고 고향으로 돌아간다. 그 뒤 배순은 선생의 철상(鐵像)을 주조하여 아침저녁으로 분향하면서 경모하였다고 한다. 22년후 1549년 11월 퇴계가 세상을 떠나자 이 소식을 듣고 배순은 자식처럼 3년 동안 상복(=삼년복)을 입고 기본적인 도리를 다했으며, 철상(鐵像. 현재 전하지 않음)을 모시고 제사를 지냈다고도 한다.⁵⁾

---

4) 조선시대 국왕으로부터 편액(扁額) 서적 토지 노비 등을 하사받아 그 권위를 인정받은 서원을 말함
5) 강구율,『퇴계선생』권7, (국제퇴계학회대구경북지부, 2006), 84-86쪽 참조.

●● 배순은 조선 명종·선조 때 사람으로 본관은 흥해이다. 그는 천성과 효성이 지극히 순근(淳謹)하였다. 순흥부의 철공인이지만 학문에 힘쓰므로 퇴계선생이 서원에서 유생과 함께 가르쳤다. 선생이 떠나자 철상(鐵像)을 만들어 모시고 공부하다가 죽은 후는 3년 복을 입었다. 배순이 죽은 뒤 이준 군수는 시를 짓고 군민이 기려 정려각을 세웠다. 손자 종이 묘표(墓表)를 세울 때 비를 세웠더니 먼 훗날 7대 외손 임만유가 충신백성이라 새겨 다시 세웠다. 소수서원의 퇴계선생 평민교육과 배공이 스승을 받든 이 정려비는 국내 유일의 소중한 보물이며 교육자료이다.

– 안내판 내용 : 고 권오봉 교수(전 포항공대) 지음

┃「배순정려비」[6] (裵純旌閭碑)」 시도유형문화재 제279호(경북)

---

6) '정려비'란 충신, 효자, 열녀 등을 기리기 위하여 그 동네에 세운 비석을 말함.

❚ 현존 하는 대표적 퇴계의 초상, 흉상

•• 현존하는 퇴계 이황 초상화 가운데 가장 오래된 일제강점기 '퇴계선생 초상', 1974년 이 유태 화백이 그린 퇴계 초상, 2004년 제작된 소수서원의 퇴계 얼굴 조각(왼쪽부터). 시대가 흐를수록 차갑고 수척한 얼굴 표정에서 밝고 건강한 표정으로 바뀌었음을 알 수 있다. 사진 제공 최재목 교수, 한국은행(『동아일보』. 2008-04-23)

03.
나의 핏줄처럼 남의 핏줄도 귀하다

퇴계는 「손자 안도(安道)에게 주는 편지(與孫安道書)」에서 이렇게
말했다.

"이제 들으니 젖을 먹일 여종[女婢]이 서너 달 된 자기의 아이를 버
리고 상경한다고 하는데 이것은 그의 아이를 죽이는 일과 다름이 없
는 것이다.

『근사록(近思錄)』[7]에 이런 일에 대하여 논하기를, '남의 자식을 죽
여서 자기자식을 살리는 것은 매우 옳지 않다' 하였다. 이제 이 일이

---

7) 중국 송(宋)나라 때 만들어진 신유학의 생활 및 학문 지침서이다. 즉, 1175년 주희
(朱熹. 1130-1200. 주자(朱子)라는 존칭으로도 불림. 자字는 원회(元晦)·중회(仲
晦), 호(号)는 회암(晦庵) 등)와 그의 친구 여조겸(呂祖謙. 1137-1181. 자는 백공伯
恭. 호 동래東萊)이 주돈이(周敦頤)·정호(程顥)·정이(程頤)·장재(張載) 등 네
학자의 글에서 학문의 중심문제들과 일상생활에 요긴한 부분들을 뽑아 편집한 책
이다. 제목이 된 '근사(近思)'(가까울 근, 생각할 사)는 논어의 「널리 배우고 뜻을 돈
독히 하며, 절실하게 묻고 가까이 생각하면[切問而近思] 인(仁)은 그 가운데 있다」
는 구절에서 따온 것이다.

바로 이 말과 같은 일이다.

어찌 그럴 수 있느냐? 서울 집에도 기필코 젖먹이는 여종이 있을 테니, 대여섯 달 동안 서로 같이 먹이면서 키우고 팔구월이 되기를 기다려서 올려 보낸다면, 이 아이도 죽 같은 것을 먹이면서 살릴 수 있을 것 같다. 이렇게 한다면 두 아이를 모두 살릴 수 있을 테니, 크게 좋은 일이 아니겠느냐?

만약 그렇게 할 수 없어서 꼭 올려 보내야 한다면 차라리 자신의 아이를 데리고 올라가도록 해서 두 아이를 함께 먹여 키우는 것이 좋을 것이다. 매정하게 떼어버리고 올려 보내는 것은 인간으로서 차마 못할 일이다. 너무 미안한 것이다.

그래서 먼저 알리는 것이니 다시 생각해 보아라."

– 『퇴계선생언행록』

나는 몇 년 전 중국 영파(寧波)에서 열린 국제학술 대회에서 일본 큐슈지역에서 참석한 한 원로학자를 만나 이런 저런 이야기를 나눌 기회가 있었다. 그는 퇴계 연구를 오래도록 해오고 있었는데 퇴계의 인격에 감동을 하였다고 말하고 나에게 "이런 말을 하면 이상하게 들릴지 모르지만 솔직히 나는 중국의 공자보다도 퇴계가 더 인간적이고 훌륭하다고 생각한다."고 고백하였다.

퇴계의 손자 안도(安道)가 창양(昌陽)을 낳았을 때의 일이다. 안도는 성균관에 유학을 하면서 갓 태어난 창양을 서울로 데려갔다. 그런데 안도의 부인인 권씨는 젖이 모자라 아이를 키울 수 없었다. 마침 안도는 할아버지 퇴계 댁에 아이를 낳아서 젖을 먹이고 있던 노비가 있음을 알고 그녀를 서울로 좀 보내 달라고 부탁을 하였다. 그러나 퇴계는 손자 안도에게 편지를 보내 "남의 자식을 죽여서 자기 자식을 살리는 것은 참으로 해서는 안 될 일이다(殺人者, 以活己子, 甚不可)."라 하고 노비를 보내주지 않았다. 노비의 자식이라도 똑같은 인간의 자식이니 그렇게 할 수 없음을 말했다.

일본의 그 교수는 이런 이야기를 하고 나서 "신분이 존재하던 그 시대에 이미 신분의 고하를 초월하여 인간은 누구나 평등하다는 관점을 제시했던 참으로 시대를 앞선 분이다."라는 등 퇴계의 따사로운 인간적인 면모를 더 열거하였다. 그러고 나서 그는 "공자의 마굿간에 불이 났는데 공자가 조정에서 돌아와서 사람이 상했느냐를 묻고는 말에 대해서는 묻지 않았다(廐焚 子退朝, 曰, 傷人乎, 不問馬)(『논어』 향당편). 그런데 만일 이것이 퇴계의 경우라면 말이 죽었는지 어떤지도 친절하게 물었을 것이다." 라는 말을 덧붙였다.

오늘날 퇴계에게서 다시 발견해낼 것은 어쩌면 우리를 감동케하는 가장 인간적인 모습일지도 모른다. 퇴계는 '理'만을 강조한 차갑고 엄격하며 딱딱한 사상가는 아니었다.

- 최재목『쉽게 읽는 퇴계의 성학십도』, (예문서원, 2004) 에서

04.
나의 욕심을 줄이면 남을 살릴 수 있다

시냇물을 10리 밖에서 끌어오는데 물은 적고 물 댈 지역은 넓어서 먼 곳은 가물어서 적셔줄 수가 없어 해를 거푸 수확을 못했다.

퇴계가

"이것은 우리 논이 그 위에 있기 때문이다. 나는 비록 마를 밭이라도 먹고 살 수 있지만, 저들은 논을 적셔 주지 않으면 거둘 수가 없다."

라 하고는 곧바로 그 논을 밭으로 바꾸었다.

- 『퇴계선생언행록』

| 안동댐 선착장 주변 풍경

  흔히 살신성인(殺身成仁)이란 말을 한다. '자신을 제어(억제)하여
서 어짊(=남과 더불어 사는 원리)을 이룬다.'는 뜻이다.

  '남을 위해서 손해를 좀 보고 남이 잘 되도록 도와주라!'는 말은 쉬
워도 실천과 행동은 참 어렵다.

  나의 논에 댈 물을 그만두고 남의 논을 살릴 수 있다는 판단과 행동
은 불교에서 말하는 '이타행'(利他行. 남을 이롭게 하는 행위)처럼 느
껴지기도 한다.

05.
공공(公共)의 마음으로 산다.

도산정사 아래에 발담(=어량(魚梁)[8])이 있었는데, 관청에서 매우 엄하게 단속하여 사람들이 사사로이 고기를 잡을 수 없었다.

선생이 매번 더운 철이 되면 반드시 도산서당(陶山書堂)[9]에 거처하였으나, 한 번도 이곳에 간 적이 없었다.

– 『퇴계선생언행록』

---

8) 도산서당(陶山書堂) 바로 앞을 흐르는 개천에는 은어가 많았는데, 여름부터 가을에 걸친 은어 철에는 물살을 가로막고 물길을 한 군데로만 터놓은 다음에 거기에 통발 혹은 살을 놓아(이런 장치를 발담=어량(魚梁)이라 함) 고기를 잡았음.
9) 현재의 도산서원은 도산서당을 근간으로 건립되었음.

▌도산서원과 도산서당 및 현판(도산서원 내) ▌도산서원 앞의 강 풍경

•• 도산 서당은(위 사진 제일 앞 집, 전체는 도산서원 전경) 세 칸으로 되어 있다. 서쪽 부엌(위 사진 왼쪽)과 가운데 방 하나(=완락재(玩樂齋))와 동쪽 대청(암서헌(巖棲軒))하나이다.(사진 오른쪽)

▌통발(출처: ⓒ encyber.com)

06.
살아있는 것을 살려라

서당의 꽃나무와 대나무를 잘 보호해서 상하지 않도록 해라. 작년에 풀베기를 할 때 서당 앞(堂前)의 냇버들(溪柳)을 베어버린 것이 아깝다. 만일 풀을 벨 때 철저히 금하지 않는다면 작년보다 더 심하게 될지도 모르니 그리 알아라.

– 「아들 준에게 보냄」

살아 있는 풀을 밟지 말고, 살아 있는 벌레도 밟지 말라.

바야흐로 자라나는 것을 꺾지 말고, 움돋는 것을 뜯지 말라.

사물 또한 살기를 좋아하기(好生)에 군자는 그 뜻을 펼쳐내어 살려야 하느니,

(중국) 송나라의 성급한 사람이 더디게 자라는 벼의 고갱이를 뽑아 올린 일(=송인알묘(宋人揠苗))[10]을 어찌 말할 수 있으리오.

–『퇴계가훈』

---

10) 알(揠)은 뽑다, 빼다, 고갱이 뽑다의 뜻, 묘(苗)는 모, 모종의 뜻. 옛날 중국 송(宋)
    나라의 어떤 어리석은 농부가 자기 논의 벼가 남들 것 보다 키가 작은 것 같자 벼
    의 순을 모조리 뽑아 올렸다. 그래서 벼의 키는 같아졌지만 결국 벼가 모두 하얗게
    말라 죽고 말았다는 고사.『맹자(孟子)』「공손추(公孫丑) 상」에 보임.

8일 아침,

"분재 매화에 물을 주라"고 명하셨다.

이 날은 맑았다.

유시(酉時)[11] 초에 갑자기 흰 구름이 집 위에 모이고 눈이 한 치나 내렸다. 잠시 선생께서 누운 자리를 정돈하고 부축하여 일으키라 명하시어, 앉아서 돌아가셨다.

곧 구름이 흩어지고 눈이 개였다.

- 『퇴계선생언행록』

---

11) 십이시(十二時)의 열째 시. 오후 다섯 시부터 일곱 시까지.

┃버드나무 모습

"살아 있는 풀을 밟지 말고, 살아 있는 벌레도 밟지 말라. 바야흐로 자라나는 것을 꺾지 말고, 움돋는 것을 뜯지 말라. 사물 또한 살기를 좋아하기(好生)에 군자는 그 뜻을 펼쳐내어 살려야 하느니"라는 구절에 이르면 숙연해진다. 요즘의 '생명'·'생태'의 사고에 깊이 닿아 있다. 이미 오래된 '미래'의 말씀 아닌가?

이러한 퇴계의 '생명에 눈 돌림'과 '살아있는 것을 살리려는 마음'은 임종 시에도 지속되었다. '매화에 물을 주라'는 말씀이 가슴에 잔잔히 남는다.

그런데 퇴계의 매화에 대한 사랑은 그가 단양군수 시절에 만난 관기 두향(杜香)과 관련이 깊다. 당시 관기였던 두향은 선생을 사모하여 가까이 모시길 원했다. 그러나 이것이 여의치 않자 기품 넘치는 매화

한 그루를 찾아서 선생에게 바쳤고, 그 뒤 퇴계의 관심을 끌 수 있었다. 퇴계는 단양군수 시절 동안 동헌에 심어놓고 두향이 준 매화를 애완하였다. 퇴계가 단양군수 직을 그만두면서 두향의 매화는 도산으로 옮겨져 명맥을 잇게 된다고 한다.

다음은 우찬규(학고재 대표)씨가 쓴 「퇴계 이황의 매화 사랑」(중앙일보. 2005년 3월 9일자)이다.

이 글을 통해 퇴계가 '분재 매화에 물을 주라'고 한 이유를 살펴보면 좋겠다.

아마도 퇴계의 '매화 사랑'에 묻힌 '인간애'를 느낄 수 있을 것이다.

〈퇴계 이황의 매화 사랑〉

"매화를 만나러 전라선 열차에 오른다. 천리 길 아득해도 도착은 삽시간이다. 옛 그림에 그려진 '심매행(尋梅行)'은 느려터진 미학이다. 견마잡이를 앞세워 떡 하니 나귀에 올라탄 선비는 사방 진풍경을 다 챙길 요량이다. 게다가 술동이를 멘 하인이 뒤따르니 선비의 꽃구경은 필경 갈지자가 되리라. 이에 비해 철마를 타고 달리는 한일자 남행길은 살풍경하다. 매화에 허기진 마음이 채신머리없이 급행을 재촉한다. 하늘은 짙푸른데 섬진강은 서편제 가락처럼 흘러간다. 강가에 우거진 대숲이 바람에 일렁이는가 싶더니 우르르 달려드는 매화 향기. 코를 냅다 벌름거리며 들이마신다. 그러다 금세 겸연쩍어진다. 이건 아니다 싶은 것이다. 이런 조급함으로 문향(聞香)이 되겠는가.

문득 퇴계 선생의 매화 사랑 앞에 부끄러워진다. 스스로 털어놓기를 '혹애한다' 하였으니 선생이 읊조린 매화음(梅花吟)이 100수가 넘어도 놀랄 일은 아니다. 그 시들이 하나같이 선생의 성품인 양 원만한데다 삿됨이 없다. 꽃잎이 아래로 드리운 수양매를 보고 지은 시는 이렇다. '한 송이가 등돌려도 의심스런 일이거늘/어쩌자 드레드레 거꾸로만 피었는고/이러니 내 어쩌랴, 꽃 아래 와 섰나니/고개 들어야 송이송이 맘을 보여 주는구나'(손종섭 번역). 선생은 앵돌아진 여인의 마음을 타박하지 않는다. 먼저 다가가 살며시 다독인다. 모든 목숨붙이를 연민의 눈으로 본 선생의 호생지덕(好生之德)이 이 시에도 살아있다. 선생에게는 가까이 두고 어루만진 매화분이 있었다. 어쩌다 거처가 탁해지기라도 하면 매화분을 먼저 옮겨 씻기는가 하면 신병이 깊어지자 각방을 썼다는 일화도 있다. 모두 선생의 개결한 성정을 일러주는 사례이겠지만, 그 너머 또 다른 선생의 진정이 숨어 있을 것으로 믿는 사람도 있다. 바로 단양군수 시절에 만난 두향 얘기다.

관기였던 두향은 선생을 사모하여 가까이 모시길 자청했다. 처신이 풀 먹인 안동포처럼 빳빳한 어른인지라 두향의 애간장은 녹았을 것이다. 마침내 선생의 마음을 얻은 것은 조선 천지를 뒤져 기품 넘치는 매화 한 그루를 찾아낸 뒤였다. 두향은 그 매화를 선생에게 바쳤고, 선생은 단양 시절 동안 동헌에 심어놓고 애완했다. 물론 두향에게도 곁을 주었다고 한다. 두향의 매화는 선생이 새 임지로 떠나면서 도산으로 옮겨져 명맥을 이었다. 단양에 홀로 남았던 두향은 수년 뒤 선생의 부음을 듣고 자진했다. 죽음에 얽힌 설이 분분하지만 나는 앉은 채로 숨을 딱 멈춰버렸다는 두향이 가장 그답다고 여긴다.

두향의 묘는 지금 단양의 구담봉 맞은편 산자락에 있다. 그 묘가 충주댐 건설로 수몰될 뻔한 적이 있었다. 퇴계 후손이자 국학자인 고 이가원 선생이 생전에 두향 묘에 각별한 관심을 쏟았다. 그분이 해준 말씀을 나는 지금도 기억한다. 수몰을 앞두고 고심하던 어느 날, 그분 꿈속에 두향이 나타났다. 두향은 "나를 그대로 두시오. 물에 잠겨서라도

이곳에 있겠소"라고 했다는 것이다. 곡절 끝에 지금 자리로 이장되긴
했으나 두향의 일편단심은 꿈속에서도 단호했다. 퇴계 선생이 임종을
앞두고 남긴 말은 알다시피 "저 매화에 물 줘라"이다. 나는 그 말에서
선생의 심중에 남은 두향의 야윈 모습을 본다.

지난해 가을 나는 매화 전문가에게서 운 좋게도 도산 매화의 지손
(支孫)을 몇 주 분양받았다. 가지도 줄기도 꽃받침도 모두 푸른 녹악매
다. 집 담장 밑에 고이 심어 모셨다. 내년부터는 남행열차에 성급히 몸
을 싣지 않아도 되리라. 느긋해진 마음으로 꽃이 피면 꽃 아래서 매화
음(梅花飮)을 펼쳐도 좋겠다. 홍이 오르면 내 좋아하는 매화 시구를 읊
어 보기로 작정해 둔다. 퇴계 선생과 두향이 명계에서나마 웃어주시면
좋겠다. '내 전생은 밝은 달이었지. 몇 생애나 닦아야 매화가 될까(前身
應是明月 幾生修到梅花)'."[12]

이어서, 인터넷에서 찾은 「퇴계 이황과 매화사랑」이란 다른 글 하나
를 소개한다.

〈퇴계 이황과 매화사랑〉

"이번 주간에 어느 잡지를 읽는 중에 한시(漢詩)가 실려 있는 글을
보았습니다.

예전에는 그리 관심이 가지 않은 것이기에 눈에 띄지 아니했지만, 근
간에는 한시에 관심을 갖다보니 유난히 눈에 들어왔습니다.

퇴계 이황 선생이 지은 매화에 대한 시였습니다.

"不是一番寒徹骨. 爭得梅花撲鼻香"(불시일번한철골. 쟁득매화박비
향)이란 시로서 "뼈가 부러지는 듯한 추위를 겪지 않고서 어찌 코를 찌

---

12) 우찬규, 「퇴계 이황의 매화 사랑」(중앙일보. 〈삶과 문화〉면, 2005년 3월 9일자).

르는 매화향기를 얻을 수 있겠는가?"라고 표현해도 되는 것 같습니다.

그러면서 자연히 이 글을 쓴 퇴계 선생에 대하여 알아보는 중에 그의 사상이나 업적이나 학문이나 그런 것은 논하지 않고, 참으로 멋있었던 선비라고 새삼스럽게 알게 되었습니다.

그런 면에서 보면 요즘 학자나 지도자들은 그런 멋을 알지 못하기에 살벌하고 독선적이고 남을 이해하지 못하는 편협한 투쟁꾼들이 되는가 봅니다.

사람을 사랑하지 않고, 자연을 사랑하지 않으면서 지식만 추구한다면, 참으로 멋없는 사람이 되지 않겠습니까?

퇴계는 자연을 지극히 사랑하여 자연 풍경과 철따라 피는 꽃나무에까지 세심한 관심을 기울여 많은 시를 남겼으며, 그가 살던 집에는 항상 솔 대나무 매화 국화 등을 심어 벗 삼고 즐겼습니다.

나이 50세 때 한서암을 짓고 뜰에다 소나무 · 대나무 · 매화 · 국화 오이를 심어 지조의 표상으로 삼았고, 이듬해는 계상서당으로 옮겨서도 방당을 만들고 연을 심고, 솔 · 대 · 매화 · 국화 · 연(松 · 竹 · 梅 · 菊 · 蓮)을 다섯 벗으로 삼아, 자신을 포함하여 여섯 벗이 한 뜰에 모인 육우원(六友園)을 이루어 어울리는 흥취를 즐겼습니다.

61세 봄에는 도산서당 동쪽에 절우사의 단을 쌓고, 솔 · 대 · 매화 국화를 심어 즐겼습니다.

특히 매화에 대한 사랑이 남달라 서울에 두고 온 매화분을 손자 안도 편에 부쳐 배에 싣고 왔을 때 이를 기뻐하여 시를 읊기도 하는 등 매화는 그의 가장 가까운 벗이었습니다.

매화분 하나를 마주하고 주고받으며 화답하는 시를 읊조리는 모습은 매화와 퇴계가 하나가 되어가는 경지를 느끼게 합니다.

또한 퇴계는 산림에 묻혀 사는 선비로서 산사를 찾아 독서하거나 산을 찾아 노닐기를 즐겨 했습니다. 그는 독서하는 것과 산에서 노니는 것이 서로 같은 점을 들어 독서와 산놀이를 일치시키기도 했습니다. 가장 즐겨 찾아 노닐었던 산은 청량산으로 도산에서 멀지 않은 곳이었습니다. 그는 아름다운 경치를 만나면 그 이름이 경관과 어울리지 않으면 이름을 새로 짓기도 하였습니다.

산놀이뿐만 아니라 물놀이도 그의 운치있는 생활의 중요한 부분이었는데, 고향 선배인 농암 이현보을 모시고 분천에 가서 뱃놀이를 하였고, 단양군수로 있으면서 제자 황준량과 함께 귀담에서 뱃놀이하였습니다. 퇴계가 가장 즐겨 뱃놀이하던 곳은 도산서원 앞에 있는 탁영담이었는데, 62세 때에는 소동파가 적벽에서 뱃놀이를 한 해로부터 8갑주(480년) 되는 날이기에 퇴계도 여러 제자들과 풍월담에서 뱃놀이를 하려고 준비하였으나 전날 큰 비가 내려 이루지 못하여 못내 아쉬워했다고 합니다.

퇴계가 사랑한 매화는 장미과(薔薇科 Rosaceae)에 속하는 낙엽교목으로 매실나무라고도 하는데, 키는 5m 정도 자라고, 줄기는 굵고 거칠며 검은색이나 어린가지는 초록색입니다. 꽃은 이른 봄(2~4월)에 잎보다 먼저 나와 흰색 또는 연분홍색으로 피는데 향기가 강하며, 잎겨드랑이에 1~2송이씩 달립니다. 꽃자루가 거의 없으며 5장의 꽃잎은 난형이고, 수술이 많으며 암술은 1개이나 씨방이 털로 덮여 있습니다. 열매인 매실은 핵과(核果)로, 처음에는 초록색이었다가 7월쯤이면 노란색으로 변하며 매우 신게 특징입니다.

이황(李滉) 퇴계(退溪)선생은 매화(梅花)를 매우 사랑했기에, 매화에 관한 시가가 1백수가 넘는데, 이렇게 큰 집념으로 매화를 사랑한 데는 이유가 있었습니다. 그의 사랑이야기는 다음과 같습니다.

퇴계 선생이 단양군수로 부임한 것은 48세 때였고, 관기였던 두향

(杜香)의 나이는 18세였다. 두향은 첫눈에 퇴계 선생에게 반했지만 처신이 빳빳했던 퇴계 선생이었던지라 한 동안은 두향의 애간장은 녹였다.

그러나 당시 부인과 아들을 잇달아 잃었던 퇴계 선생은 그 빈 가슴에 한 떨기 설중매(雪中梅) 같았던 두향을 받아들이지 않을 수 없었다.

두향은 시(詩) 서(書)와 가야금에 능했고, 특히 매화를 좋아했다.

사람의 깊은 사랑은 그러나 겨우 9개월 만에 퇴계 선생이 경상도로 가게 되어 끝나게 되었다. 두향으로서는 하늘이 무너지는 듯 한 변고였다.

짧은 인연 뒤에 찾아온 갑작스런 이별은 두향에겐 견딜 수 없는 충격이었다. 이별을 앞둔 마지막 날 밤, 밤은 깊었으나 두 사람은 말이 없었다.

퇴계가 무겁게 입을 열었다. "내일이면 떠난다. 기약이 없으니 두려운 뿐이다".

두향이가 말없이 먹을 갈고 붓을 들었다. 그리고는 시 한 수를 썼다. "이별이 하도 설워 잔 들고 슬피 울 때 어느 듯 술 다 하고 님 마저 가는구나. 꽃 지고 새 우는 봄날을 어이할까 하노라".

이날 밤의 이별은 결국 너무나 긴 이별로 이어졌다. 두 사람은 1570년 퇴계 선생이 69세의 나이로 세상을 떠날 때까지 21년 동안 한 번도 만나지 않았다.

퇴계 선생이 단양을 떠날 때 그의 짐 속엔 두향이가 준 수석 2개와 매화 화분 하나가 있었다.

이때부터 퇴계 선생은 평생을 이 매화를 가까이 두고 사랑을 쏟았다. 퇴계 선생은 두향을 가까이 하지 않았지만 매화를 두향을 보듯 사랑을 쏟았으며, 매화를 두향을 보듯 애지중지했다.

선생이 나이가 들어 모습이 초췌해지자 매화에게 그 모습을 보일 수 없다면서 매화 화분을 다른 방으로 옮기라고 했다.

퇴계 선생을 떠나보낸 뒤 두향은 간곡한 청으로 관기에서 빠져나와 퇴계 선생과 자주 갔었던 남한강가에 움막을 치고 평생 선생을 그리며 살았다.

퇴계 선생은 그 뒤 부제학, 공조판서, 예조판서 등을 역임했고 말년엔 안동에 은거했다.

그리고 세상을 떠날 때 퇴계 선생의 마지막 한 마디는, "매화에 물을 주어라". 선생의 그 말속에는 선생의 가슴에도 두향이가 가득했다는 증거였다.

선생의 시(詩)중에 「내 전생은 밝은 달이었지. 몇 생애나 닦아야 매화가 될까」(前身應是明月 幾生修到梅花).

퇴계 선생의 부음을 들은 두향은 4일간을 걸어서 안동을 찾았다. 한 사람이 죽어서야 두 사람은 만날 수 있었다. 다시 단양으로 돌아온 두향은 결국 남한강에 몸을 던져 생을 마감했다.

두향의 사랑은 한 사람을 향한 지극히 절박하고 준엄한 사랑이었다."

그 때 두향이가 퇴계 선생에게 주었던 매화는 그 대(代)를 잇고 이어 지금 안동의 도산서원 입구에 그대로 피고 있다는 것입니다.

매화는 추운 겨울 한파를 견디고 가장 먼저 꽃을 피우는 것으로 선비들의 지조와 사랑하는 이들의 절개를 보여주는 대표적인 상징물이었습니다.

퇴계 선생의 사랑이야기는 오늘날도 그 짙은 향기를 풍겨내는 듯합니다. 그러면서 우리들도 잠시 자연 속으로 들어가서 사랑하는 사람이나 벗들과 함께 담소하며 거닐어 보는 여유가 있으면 좋을 것 같습니다. 특별한 주제가 아니더라도 이런저런 이야기를 하며 살아왔던 이야기들과 살아갈 이야기를 하면서 서로가 정을 느낄 수 있다면 얼마나 행복할까라고 생각해봅니다.

그러면서 나도 시골에 귀향하여 매화를 심고 그 매화향기에 취해 보고픈 욕망이 솟아오르는 것은 옛 선비의 인품과 그의 삶의 멋 때문인가 봅니다."[13]

---

13) http://blog.daum.net/dreamofjoel/18334686(검색일자: 2009.12.5)

07.
술은 주량 껏, 품위 있게 마셔라.

선생은 술을 마시되 일찍이 취하도록 마신 적이 없으며, 약간 얼근한 정도에서 그쳤다. 손님을 대접할 때는 주량에 따라 권하였으며, 그 기분에 맞도록 하였다.

- 『퇴계선생언행록』

퇴계선생은 마을 사람들의 잔치 자리에 초청을 받으면 특별한 사정이 없는 한 참석하지 않은 적이 없었는데, 술이 한 순배 돌면 반드시 주인에게 잔을 돌리어 답례했다.

비록 항렬이 낮은 어린아이라도 모두 부드러운 얼굴로 따뜻한 대화를 나누었으며 마음껏 그 자리를 즐기고 돌아왔다.

술은 많이 마시지 않았으며 다만 거나하면 그만이었다.

-『퇴계선생언행록』

| 계영배(戒盈杯)

술도 자신의 몸에 맞을 정도로 마시는 것이 좋다는 말이다.

절제된, 그러나 품위 있는 술 마시기 법(음주법)은 스스로의 몸에 '계영배(戒盈杯)'를 하나씩 지니고 있는 것과 같다.

계영배란, 술을 많이 마시는 것을 '경계'하기 위하여 특별히 만든 '잔'이다. 잔 옆에 구멍이 뚫려있어, 술이 어느 한도에 차면 옆으로 새어나가도록 한 일종의 절주배(節酒杯)이다. 70% 이상 술을 채우면 모두 흘러내려 버린다. 인간의 끝없는 욕심을 경계하는 것이다. "가득 채움을 경계하라"는 상징적인 의미를 지니고 있는 이 잔은, 고대 중국에서 과욕을 경계하기 위해 하늘에 정성을 드리며 비밀리 만들어진 의기(儀器)에서 유래되었다고 한다.

『천자문(千字文)』에 「일월영측(日月盈昃)」이란 말이 나온다. 「해는 떴다가 서쪽으로 기울고, 달도 차면 점차 이지러진다」는 뜻이다. 천지의 변화를 알게 되면서 우리는 '천지도 모르고 날 뛰지 않는다.' 천지자연은 우리를 철들게 하며, '모자라는 채로 풍족한 마음으로 살도록' 한다. 몸도 천지자연의 일부이다. 몸 속에 있는 '계영배'의 소리를 잘 듣는 것은 자연에 따라 사는 삶일 수 있다. '술을 마시되 일찍이 취하도록 마신 적이 없으며, 약간 얼근한 정도에서 그쳤다'는 것이 바로 그것이다. 그리고 자신의 주량이 있듯이 남의 주량도 있다. 각기 자신의 주량대로 마시면 된다. 따라서 퇴계는 '손님을 대접할 때는 주량에 따라 권하였으며, 그 기분에 맞도록 하였다.'는 것이다.

08.
젊을 때는 여색을 조심해야 한다.

젊은 나이에 여색[色]을 난잡하게 함부로 하면 병이 골수(骨髓)에 들게 된다.

요절하거나 몸이 상하게 되는 것은 실로 여색을 지나치게 좋아해서 생기는 일이다.

－『퇴계가훈』

화려하고 요란한 가운데서는 사람의 마음이 가장 흔들리기 쉽다. 그래서 내가 일찍부터 이 점에 힘을 써서 흔들리는 일이 없도록 하려고 한다.

그런데 (내가) 언젠가 의정부사인(議政府舍人)[14]이 되었을 때, 노래를 부른 기생들이 앞에 가득한 것을 보고는 문득 한 편으로 기쁜 마음이 일어나는 것을 느낀 일이 있다.

이와 같은 마음의 미묘한 조짐[機微]은 바로 삶과 죽음으로 길이 갈리는 곳이다. 두려운 일이 아니겠는가?

－『퇴계선생언행록』

---

14) 의정부(＝백관(百官)을 통솔하고 서정(庶政)을 총리하던 조선시대 최고의 행정기관)에 둔 정 4품관으로 정원이 2명인 관직. 낭청(郞廳)과 함께 육방(六房)으로 나누어 사무를 정리하여, 정승의 결재를 받아 육조의 관원에게 나누어주는 일을 맡아 보았음.

관서(關西)[15]는 본래 번화한 곳이라고 일컫는데, 그 때문에 선비들이 구렁텅이에 떨어지는 일이 앞뒤를 이어 일어났다.

퇴계 선생이 일찍이 자문점마(咨文點馬: 왕래하는 사신을 점검하는 의무를 가진 직책)[16]가 되어 일 때문에 의주(義州)에 한 달간 머물렀으나, 전연 여색(女色)을 가까이 하지 않았다.

돌아오는 길에 평양에 들렀을 때, 감사가 이름난 기생을 곱게 꾸며서 잠자리에 들었으나 끝내 돌아보지 않았다.

－『퇴계선생언행록』

선생은 21세에 부인 허씨(許氏)를 맞아서 서로 공경하기를 손님처럼 하였다(相敬如賓).

－『퇴계선생언행록』

---

15) 관서 지방(關西地方)은 우리나라의 북서부 지역(주로 평안도 전역)을 가리킴. 관서에서 '관(關)'은 고려 때 설치한 철령관을 말한다는 설이 유력하며, 관서는 즉 철령관의 서쪽을 말한다고 전함.

16) 명(明)나라에 보낼 외교 문서(=자문(咨文))와 함께 보낼 말을 감정하고 점고(點考: 일일이 수를 조사함)하는 직책.

| 임권택 감독의 영화 〈춘향뎐〉 포스터

| 『성학십도(聖學十圖)』의 제 9도
「경재잠도(敬齋箴圖)」

음식과 남녀 문제는 인간의 자연이다. 자연을 '지나침(過), 모자람 (不及)' 없이 펼쳐주는 것이 중용의 미덕이다.

그런데, 어릴 적에는 신체발달이 완전하지 않기에 여색에 너무 탐 닉하면 몸을 상하여 병들기 십상이란 말이다. 색을 너무 밝히면 옛 사 람들은 '등골(골수)을 빼먹는다'고 한다. 맞는 말이다.

부부 사이에도 '손님'처럼 공경한다는 말은 남녀가 평등하다는 사고 를 넘어서서 부부생활에서 기본 관계가 지나침이 없이 중용을 얻도록 가르치고 있는 듯하다. 이것은 퇴계가 일관되게 강조하는 '경(敬)'의 자세이다. '경'은 공경, 경건, 집중(흐트러진 마음을 다잡기) 등의 의미 를 갖는다.

09.
어른은 '계신다'는 자체로 의미가 있는 것이다.

퇴계의 문인 우성전(禹性傳)이 오랫동안 안동에 있었는데, 그때 보니, 그곳에 사는 사람들은 비록 비천한 자라도 반드시 '퇴계선생'을 일컬으면서 마음으로 존경하고 받들고, 공경하여 우러러 사모하였다. 시골 사람들은 비록 선생의 문하(門下)에 출입하는 자가 아니라도 역시 (악행을) 두려워하고 (선행을) 원하면서 감히 (행동거지를) 함부로 하지 아니하였다. 혹시 잘못을 저지르기라도 하면 퇴계선생이 알까봐 두려워하였다. 그분의 교화가 사람들에게 미침이 이와 같았다.

- 『퇴계선생언행록』

선생은 젊을 때부터 남들의 존경을 받았다. 마을 전체의 유생(儒生)들이 산사(山寺)에 모였었는데, 다리를 뻗거나 드러눕거나 하다가 선생이 온다는 말을 듣고는 나이가 선생보다 많은 자들까지도 모두 자세를 가다듬고 선생을 기다렸으며, 선생 옆에서는 감히 떠들거나 장난을 치지 못하였다.

– 『퇴계선생언행록』

무진년(1568) 7월 18일에 일찍이 출발하여 서울로 들어가는 길에 광진(廣津)[17]에 이르러서 마침 큰 비바람을 만났다. 파도가 용솟음쳐서 배가 거의 뒤집힐 지경이었으므로, 배 안의 사람들이 놀라서 어쩔 줄 몰라 하였으나, 선생은 신색(神色)이 아무런 동요가 없었다.

– 『퇴계선생언행록』

---

17) 광진(廣津)은 광나루라고도 하며 조선시대 한강변에 설치된 나루를 말한다. 현재의 서울특별시 광진구(廣津區)에 해당.. 광진구 광장동과 강동구 천호동을 잇는 다리로 광진교가 있다.
처음에 양주군 고양주면 광진리였는데, 1914년 4월부터 고양군 독도면 광장리로 되었으며, 이후로 이 「광나루」가 있는 마을을 광장리로 고쳐 부르게 되었다. 팔당 덕소를 거쳐 흘러 내려오는 한강 물이 암사(바윗절)가 있던 남안 암벽에 부딪쳐 북쪽으로 휘어 흐르다가 다시 아차산의 남록 암벽에 부딪혀 흐르면서 강나루가 넓어지는 이 나루터가 광진(廣津)이다. 넓은 나루를 의미하기에 「광나루」라고도 부른다.

┃겸재 (謙齋)가 그린 「광진(廣津)」

●● 「광진(廣津)」영조17년 (1741) , 비단에 채색 31.5 x 20.0 cm, 경교명승첩, 간송미술관
소장. 광나루 뒤에는 아차산, 멀리 보이는 왼쪽 산이 남산, 오른 쪽 산이 도봉산

┃퇴계 이황의 동상(서울 남산)

어른은 계신다는 것 자체로서 의미가 있다.

예전에 아버지들은 대부분 그랬다. 꾸짖고 깨우쳐주셨다. 엄부(嚴父) 즉 '엄한 아버지'라는 말은 그 상징이었다.

그래서 아버지는 당신의 기침소리와 섬돌에 놓인 신발만으로도 충분한 권위가 있었다.

성자(聖者)도 그렇다.

그분이 계신다는 것만으로 의미가 있고, 충분한 권위를 갖는다.

퇴계가 안동에 '계신다'는 것만으로도 큰 가르침이 되었던 것이다.

엑크하르트(Meister Eckehart, 1260경~1327)는 말했다.

"한사람의 삶의 스승이 천 사람의 학문의 스승보다 낫다(Ein Lebemeister ist besser denn tausend Lesemeister)."

바로 퇴계는 학자이기 이전에 한 사람의 인간적 스승이었다.

10.
외출할 때는 반드시 연락처를 알려두어야 한다.

외출할 때에는 반드시 나간다는 것을 말하고 돌아와서는 반드시 뵈옵고 돌아왔음을 아뢰어야 한다.

놀러 나갈 때에는 반드시 어디에 가는지(행방)를 밝히고 노는 장소를 반드시 밝혀야 한다. (그런 알림 없이) 먼 곳으로 놀러를 가버리면 어버이에게 걱정을 끼치게 된다.

- 『퇴계가훈』

11.
친구 사이에 이해타산을 너무 따지지 마라.

(옛날에 중국의) 관중과 포숙은 서로 잘 아는 친구로서 사귀어[18] 속마음을 터놓고 가까이하여 뜻과 기개가 맞았다.

무릇 친구라 함은 죽고 사는 일도 함께 도모하는지라, 이해타산으로 사귀게 되면 오래지 않아 정분이 멀어지기 마련이다.

- 『퇴계가훈』

---

18) 이것을 관포지교(管鮑之交)라 함.

12.
반성하고 사과하는 법을 알아야 한다.

사람 사이에 시비(是非)가 일었을 때는
비록 내가 옳다 하더라도 사람들이 다 그르다 하면
오히려 스스로 돌이켜보아 내가 그르다고 대답해라.
나에게 실제로 그릇됨이 있어 사람들이 꾸짖으면
얼굴빛을 부드럽게 하여 그 말을 공경하고
옷깃을 여미여 사과할 줄 알아야 한다.

- 『퇴계가훈』

13.
남들과 싸우지 마라

서로 간에 득실(得失)이 있으면 오직 자신을 책망할 일이요 털끝만큼이라도 남과 따지고 다투어서는 안 된다.

– 「아들 준에게 보냄」

무릇 효자는 사람과 더불어 싸움질을 하지 않는 법이다.
어버이를 돌보지 않고 남들과 싸움질하여
어버이가 남겨주신 몸을 상하게 되면 그 욕됨이 조상에 까지 이른다. 이 어찌 불효스럽고 경박한 일이 아니겠는가.

– 『퇴계가훈』

14.
남의 시비를 함부로 논하지 마라

사람의 형벌과 악함은 실로 그 사람의 장단점에서 비롯된다. 그러니 남의 좋지 못함(단점)을 말하게 되면 그 후환을 어찌하겠나.

남의 장단을 논하지 말고 그 시비를 논하지 말라

어떤 사람이 다른 사람의 말을 논하면 듣지 말고 거기 끼어들지 말라.

- 『퇴계가훈』

15.
남보다 백 배 천 배 더 노력하라

다른 사람이 한 가지에 능하거든 나는 열 가지에 능하도록 하고,

다른 사람이 백 가지에 능하거든 나는 천 가지에 능하도록 노력하라.

– 『퇴계가훈』

16.
자기 형편에 맞게 손님을 접대하라

찾아온 손님을 막지 말고 가겠다는 손님을 만류하지 마라.

내가 밥을 먹거든 손님께도 밥을 대접하고, 내가 죽을 먹거든 손님께도 죽을 대접하되, 얼굴에는 꺼리는 빛을 없애고, 집의 형편에 따라 대접하도록 하라.

－『퇴계가훈』

17.
재산을 어려운 사람을 돕고 사람의 목숨을 살리는 데 써라.

내 형편이 넉넉하거든 먼저 어려운 처지에 있는 사람 도울 것을 생각하고,

내 형편이 부유하거든 또한 사람의 목숨 살릴 것을 생각하라.

재물이란 뜬구름 같은 것. 아침에 모였다가도 저녁에 흩어지기 마련이다.

그러기 때문에 재산이란 모아둘 것이 아니요, 나누어서 어려운 사람을 돕고, 사람의 목숨을 살리는 데 써야 한다.

그러면 재물은 다시 돌아오게 된다.

－『퇴계가훈』

어린아이가 우물에 빠진 것을 보면 자신의 처지를 생각하지 말고
엎어지고 넘어지고 기어가서라도 구출하라.
굶주린 사람이 있거든 갚음을 바라지 말고
금품을 빌려주어 살리도록 하라.

　-『퇴계가훈』

악한 자 있거든 잘해주고 완고한 자 있거든 공경해주어라.
악한 자가 도리어 내게 잘해주게 되고, 완고한 자가 도리어 나를 공
경하게 될 것이다.
그러면 동서남북에 공경하지 않음이 없을 것이다.

　-『퇴계가훈』

18.
말할 땐 생각해 보고 하라

흰 구슬이야 이지러진들 다시 갈고 닦을 수 있겠지만
입으로 한 번 내뱉은 말은 그릇될 경우 다시 갈고 닦을 수가 없다.
그러니 선후를 살펴서 생각하고
올바름과 거스름을 가려서
한마디도 실언하지 말고
순한 말만 골라 해야 한다.

- 『퇴계가훈』

선생은 사람을 대하고 사물을 접할 때의 행동과 언어에 각기 그에 따른 절도가 있었다. 만약 누가 묻지 않아야 할 것을 묻거나 말하지 않아야 할 말을 하면 반드시 정색하고 대답하지 않았다.

-『퇴계선생언행록』

말을 알맞게 절제해서 하라.
말을 귀에 거슬리게 하지 말고, 대답하는 일도 사납게 하지 말라.

-『퇴계가훈』

19.
참을 때는 귀머거리, 벙어리인 것처럼

거슬리는 말이 귀에 이르거든 귀머거리인 것처럼 듣지 말고

거슬리는 얼굴빛이 눈에 이르거든 벙어리인 것처럼 하여 말하지 말라.

귀머거리가 아니면서도 귀머거리처럼 하고

벙어리가 아니면서도 벙어리처럼 하라.

참는 것이 덕이 된다.

이것이 바로 '된 인간'[君子]의 도이다.

－『퇴계가훈』

20.
교만해선 안 된다.

교만할 '교(驕)', 이 한 글자는 특히 재앙을 불러들이는 문(門)이니, 부유하다 하여 교만하지 말고 고귀한 지위에 있다 하여 교만하지 말라.

겸손하면 흥하고 교만하면 망하게 된다.

- 『퇴계가훈』

성균관(成均館)[19]은 처신하기가 매우 어려운데 너에게 있어서는 더욱 어려운 곳이다. 언제나 조심해서 모르는 것을 아는 것처럼 하지 말고 몸가짐을 가다듬어서 방종하거나 자만하는 일 없이 말을 많이 하지 말고 조심조심하여라.

– 「안도 손자에게 답함」

---

19) 조선시대의 최고 교육기관.

21.
남을 거울로 삼아라.

나의 악한 바를 스스로 깨닫지 못하거든

다른 사람을 보고서 나를 경계하고

남의 악을 보고 나의 선을 깨닫도록 하라.

선한 것과 악한 것을 알지 못하면 어찌 옳은 것과 그른 것을 말할 수

있으랴.

－『퇴계가훈』

22.
남을 가르치려 하지 않는 겸손

선생은 한가히 혼자 있을 때엔 언제나 옛 글을 읽는 일 말고는 다른 것에 마음을 걸지 않았다.

간혹 때로는 수석(水石)을 찾아 거닐면서 생각한 바를 읊어 한가한 흥을 나타내었다.

학자들이 무엇을 물으면 자기의 아는 바를 다 알려주었고, 그러면서도 자기 스스로 스승인 체하지 않았다. 보통 때에도 잘난 체하지 않아 조금도 남과 다를 것이 없는 듯하였다.

 - 율곡 이이(李珥)의『퇴계유사(退溪遺事)』

선생은 배우는 자들과 강론하다가 의심나는 곳에 이르면, 자신의 의견을 주장하지 않고, 반드시 중론을 널리 채택하였다.

비록 자구(字句)나 따지는 하찮은 선비의 말이라도, 역시 유의하여 듣고 마음을 비워서 이해하였으며, 거듭 참고하고 수정하여, 끝내 올바른 답을 얻고야 그만두었다.

논변할 때에는, 기운이 화기롭고 말씀이 시원스러워, 이치가 밝고 논리가 정연해서, 비록 온갖 의견들이 쏟아져 나오더라도 섞갈리지 않았다.

대화를 나눌 때는, 반드시 상대방의 말이 끝난 다음, 천천히 한 마디 말로 이를 분석하여 가리었다. 그러나 반드시 그것이 옳다고 하지는 않고, 다만, "내 생각은 이런데 어떤지 모르겠다."고만 했다.

– 『퇴계선생언행록』

23.
친구 간에 빚보증은 서지마라.

친구가 먼 길을 와서 나에게 돈을 빌려달라고 하면
그 허실을 가려서 생각하고 이를 받아들이되,
나에게 내 재물이 없거든 빚보증까지는 절대로 서지 말라.
빚보증을 좋아하면 끝내는 효도하지 못하게 될 것이다.

- 『퇴계가훈』

24.
사회생활에서 나이 따지는 법

나이가 배가 되거든 아버지처럼 섬기고,
10년이 위거든 형처럼 섬기고,
5, 6년이 위거든 어깨를 나란히 하여 따르고,
나이가 거의 같거든 벗으로 삼아라.

-『퇴계가훈』

25.
겸손해야 존경받는다.

무릇 행하는 일을 스스로 높이지 말라.
귀하여도 낮게 처신하고 높아도 낮게 처신하여
힘써 학문과 행실을 닦아 매사에 최선을 다하라.
그러면 사람마다 존경하리니
누가 감히 업신여기겠는가.

- 『퇴계가훈』

26.
손에서 책을 놓지 말라.

사람의 사람됨은 시서(詩書)[20]로 말미암나니
독서하기를 거두지 말고 손에서 책을 놓지 말라.
소년에 국가고시[科擧]에 합격하여 선조를 빛내고
어버이를 영예롭게 함과 나라에 충성함이
모두 부지런히 공부함에 있느니라.

-『퇴계가훈』

---

20) 시서(詩書)는 ①시와 글씨 ②『시경(詩經)』과 『서경(書經)』을 뜻하는 데, 여기서는
①을 말함.

너는 공부를 폐한 지 오래이며 슬하를 떠나 있는 시간도 많으나 성균관 생활만은 폐할 수 없다. 봄에 다시 한 번 시험이 있을 것 같으니 근간에 내려오지 말고 성균관에서 겨울을 지내면서 분수에 맞게 힘껏 노력해서 양쪽의 공부를 하여라. 세월이란 빠른 것이다. 어찌 하는 일 없이 노닥거리다가 일생을 마칠 수 있겠느냐?

– 「안도 손자에게 답함」

┃ 도산서원과 도산서당 및 현판(도산서원 내)

●● 「농운정사(隴雲精舍)」[21]의 동쪽에 있는 마루에 걸린 현판으로 『논어』의 '學而時習之, 不亦說乎(배우고 때 맞춰 익히면 또한 기쁘지 아니한가)'에서 그 뜻을 취하였다.

---

21) 농운정사는 문도들이 거처하고 강실(講室)로 사용했던 곳. 농운이란 고개 위에 걸려있는 구름을 뜻하는 말. 청렴한 선비가 되라는 교훈적인 의미가 담겨 있음.

27.
나도 한 때 소년이었다.

청량산 절(=상청량암) 속에서 옛 일을 추억하니
총각머리였던 것이 지금에 와선 백발이 되었네.
학 등에서 굽어보니 산천은 몇 번이나 변했던고
남긴 시를 거듭 외며 눈물짓네.

거듭 (이 추억어린 청량산을) 찾으면, 내가 사람임을 깨닫네.
흐르는 개울과 복숭아꽃은 몇 번째의 봄이런가?
너희들(=퇴계의 조카와 손자들)도 다른 해 언젠가 내 느낌을 알게
되리라.
한 때 (나도) 너희와 마찬가지로 소년의 몸이었다는 것을.

－「지난 을해년 봄에 숙부 송재께서 이곳에서 놀다가 상청량암(上淸凉庵)에 머무실 제, 내가 여러 형제와 함께 와서 모셨더니 이제 느꺼운 눈물을 금할 길이 없어 이를 써서 모든 조카와 손자들에게 보이다. 두 수」

－『퇴계집』권2

▌퇴계가 즐겨 찾았던 청량산의 모습

●● 소년 시절의 몸은 늙고, 총각 머리는 백발이 된 퇴계.
추억어린 청량산을 찾아서 자신이 하나의 평범한 인간임을 깨닫는다.
자신의 조카와 손자들을 두고, 「너희들도 나중에 나의 마음을 알 것/한 때 (나도) 너희와 마찬가지로 소년의 몸이었다는 것을.」이라는 말을 하는 장면에서 퇴계의 동심어린 시절에 대한 회상(回想)을 느낄만하다.

28.
독서는 숙독(熟讀)부터

책은 숙독(熟讀)해야 한다.

무릇 책을 읽을 때, 글의 뜻을 알았다 해도 미처 깊이 익히지 못하면 읽자마자 잊어버리게 될 것이며 또한 마음속에 간직하지 못하게 될 것이다. 반드시 배운 것을 거듭 복습하고 깊이 익히는 공부를 해야 비로소 마음속에 간직할 수 있고 글의 맛도 흡족하게 음미할 수 있을 것이다.

(중략)

만약 바쁘게 빨리 읽고 건성으로 외기만 한다면 이는 귀로 들은 바를 이내 입으로 지껄이는 천박한 학문에 불과한 것이다. 비록 천 편의 글을 외고 백발이 되도록 경서를 말한다 한들 무슨 이익이 있겠는가.

- 『퇴계선생언행록』

이치를 궁구하다가 통하지 않는 것이 있을 때에는 이것을 억지로 통하려 하지 말고 우선 이것을 옆으로 밀어 놓는다. 그러다가 가끔 다시 그 문제를 끄집어내어 마음속의 불필요한 사념을 없애고 곰곰이 생각하면서 스스로 깨달아지기를 기다린다. 오늘도 그렇게 하고 내일도 그렇게 한다.

- 『도산잡영(陶山雜詠)』

김사순(金士純)이 계몽서(啓蒙書)를 배울 때 말하기를,
"이 책은 초학자(初學者: 처음 공부를 하는 사람)가 공부하기에는 친절하지 못한 것 같습니다."
라고 하니
(퇴계)선생이 이렇게 말하였다.
"만약 이 글을 익숙히 읽어서 자세히 맛을 보아 이러기를 오랫동안 한다면, 그 진실한 모습이 눈앞에 드러난다. 모든 사물(事物)이 하나같이 그와 같은 이치이다. 어째서 친절하지 않다는 말인가?"

- 『퇴계선생언행록』

▌ 도산서원의 「박약재」 현판

•• 도산서원의 동재(東齋)로 『논어』의 '子曰, 君子博學於文, 約之以禮, 亦可以弗
畔矣夫(군자는 글을 넓게 배우며 요약하며 행(行)하기를 예(禮)로써 하면 또한 위
반됨이 없을 것이다)'에서 따온 것이다.

글은 널리 배우되(博文), 눈에 보이고 귀에 들리고 손에 만져지고
몸에 붙어서 구체적 사회생활의 레벨의 행동으로 집약되어 옮겨질(約
禮) 정도로 푹 익어야 한다. 퇴계는 선현의 글을 읽을 때 그것이 눈에
보이고 몸에 완전히 익숙할 때까지 깊이 생각해보았던 것 같다.

29.
병이 날 정도로 공부하지 마라

내가 젊을 때에 학문에 뜻이 있어서 하루 종일 쉬지도 않고 밤새도록 잠도 안자면서 읽다가, 마침내 고질병을 얻어서 결국 병폐한 사람이 되고 말았다.

학문을 하는 사람들은 마땅히 자신의 기력을 헤아려서 자야할 때 자고 일어날 때 일어나야 한다.

그리고 때와 곳에 따라 관찰·반성하고 체험해서, 이 마음이 방만하고 흐트러지지 않도록 하면 될 것이지, 굳이 나처럼 무리하다가 병을 불러올 필요야 있겠는가?

- 『퇴계선생언행록』

▌퇴계가 건강유지를 위해 활용했던 『활인심방(活人心方)』[22]의 수련법들

---

22) 『활인심방(活人心方)』이란 퇴계가 명나라의 주권(朱權)이 지은 『활인심(活人心)』을 다시 기록하고 내용을 덧붙여 장수비결과 건강수련법을 담은 책.

30.
나의 열두 살 적 『논어』 공부법

내 나이 열두 살 때에 작은 아버지(=송재공(松齋公))에게 『논어』를 배웠는데, 공부의 과정을 엄격히 세워서 적당히 할 수 없도록 하였다. 뜬 마음을 가다듬어 가르침을 받들어서 조금도 게을리 하지 않았다.

새로운 것을 얻으면 반드시 옛것을 다시 익히고, 한권을 마치면 그 한권을 모조리 외우고, 두 권을 마칠 때도 역시 그 두 권을 모조리 외우고, 두 권을 마칠 때도 역시 그 두 권을 모조리 외웠다.

이렇게 하기를 오래 하자, 차츰 처음 배울 때와는 달라져서 서너너덧 권을 읽게 되어서는, 틈틈이 혼자서도 이해하여 통달할 수 있는 곳이 있게 되었다.

－『퇴계선생언행록』

┃ 송재시집(松齋詩集)

•• 퇴계의 숙부 송재공(松齋公) 이우(李堣) 시문집이다. 송재 사후에 조카인 퇴계 선생이 그의 저술 가운데 남아 있던 관동행록(關東行錄)과 귀전록(歸田錄) 등 시를 모아 선생 친필의 필사본으로 전하던 것을 선생의 제자이며 저자(송재공)의 외종손 인 오운이 1584년 충주목사로 있을 때 간행하였다.

31.
독서할 때 너무 자질구레한 것에 구애받지 마라.

퇴계가 문인 이덕홍이 잔 주(註)[23]를 모조리 읽는 것을 병통으로 여기면서 다음과 같이 말했다.

"골짜기에 피어오르는 안개나 파도에 씻기는 모래알 같은 설들과 같은 자질구레한 것에 대해서는 그대는 생략하라."

－『퇴계선생언행록』

---

23) 잔 주란 경전의 본문에 붙은 주석(해설)에 대해 다시 주석을 붙인 것을 말함. 글씨가 작고 여러 부수적인 내용이 있어 '잔 주'라고 한다.

32.
가끔은 조용히 홀로 지내도 괜찮다.

누가 물었다.

"저는 늘 사람들과 어울리는 것이 싫고 조용히 혼자 있고 싶은데, 혹시 편벽된 것이 아닙니까?"

퇴계가 이렇게 대답하였다.

"좀 편벽한 것 같기는 하다. 그러나 배우는 자에게는 그것이 도움이 없는 것도 아니다. 내가 초년에 역시 그런 병통이 있었는데, 유익함이 없었다고 할 수 없다."

-『퇴계선생언행록』

| 도산서원 「역락서재(亦樂書齋)」 현판

●● 『논어』「학이(學而)편」의 '子曰, 學而時習之, 不亦說乎, 有朋自遠方來 不亦樂乎 (공자가 말했다. 배우고 때 맞춰 익히면 또한 기쁘지 아니한가? 벗이 있어 먼 곳으로 부터 찾아오면 또한 즐겁지 아니한다).'의 '또한 즐겁지 아니한가(亦樂)'에서 의미를 취한 당호이다.

퇴계는 기본적으로 숨어사는 것을 즐긴 분이 아니다. 사람들이 살아가는 세상에 잘 어울려 사는 것을 지향했다.

즉, 퇴계는 「도산기(陶山記)」(『퇴계집』권3) 속에서 「산림을 즐기는 사람(樂於山林者)」을, ① 현허(玄虛: 오묘한 허무의 원리)를 사모하고 고상함을 일삼아 즐겨하는 사람 ② 도의(道義)를 즐기며 심성을 기르기를 즐기는 사람의 두 부류로 나누고, 자신은 후자의 입장을 취하고 있음을 다음과 같이 밝히고 있다.

옛 사람 중에 산림을 즐기는 사람을 보건대 두 종류가 있다. 현허(玄虛)를 사모하고 고상(高尚)함을 일삼아 즐겨하는 사람이 있고, 도의(道義)를 즐기며 심성을 기르기를 즐기는 사람이 있다. 전설(前說)에 따르면, 아마도 제 한 몸을 깨끗이 하여 인륜을 어지럽히는데 흘러, 그 심한 자는 조수(鳥獸)와 무리를 함께 하면서도 그르다고 하지 않는다. 후설(後說)에 따르면, 즐기는 바의 것은 찌꺼기[糟粕]일 뿐이며 그 전할 수 없는 미묘함에 이르러서는 구하면 구할수록 더욱 얻지 못할 것이니 즐길 것이 무엇이 있겠는가? 그렇다고 하더라도 차라리 후설(後說)을 따라 스스로 힘쓸지언정 전설(前說)을 따라 스스로 속이지 않을 것이다. 또 어느 여가에 이른바 세속의 영리를 구함이 나의 마음속(我之靈臺)에 들어옴을 알겠는가?

퇴계의 입장에서 본다면,「현허(玄虛)를 사모하고 고상함을 일삼아 즐겨하는 사람」은「제 한 몸을 깨끗이 하여 인륜을 어지럽히는데 흘러, 그 심한 자는 조수(鳥獸)와 무리를 함께 하면서도 그르다고 하지 않는」이른바 제 홀로 좋음을 지향하는 자[獨善者]에 지나지 않을 것이다.

그렇다면 퇴계의 이름에 암시된 '퇴(退)' 즉 '물러남'의 의미는,『논어』「미자(微子)편」의 초(楚)나라 사람 장저(長沮)와 걸닉(桀溺), 접여(接輿) 등과 같은 은자들(=초기 도가들)이 보여주었던, 세상과 인연을 끊고 허무(虛無)를 즐기던 은둔과는 다르다.

퇴계는 산림에 은거하면서도 독서·강학과 같은 유학자로서의 자기수양에 대한 열망을 결코 저버리고 있지 않다.

33.
어디서나 책을 읽어라.

글을 읽는 일을 어찌 장소를 가리겠느냐?

시골에 있든 서울에 있든 오직 뜻을 어떻게 세우느냐에 달린 것이다.

모름지기 십분 노력하여 매일 열심히 공부할 일이며 할 일 없이 세월만 보내서는 안 될 것이다.

－「아들 준에게 준 편지」

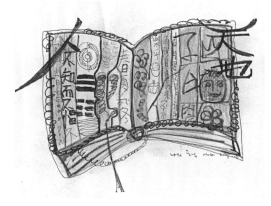

▌최재목, 「나의 책」(2009.
펜과 색연필)

34.
생활고를 핑계로 학업을 중단해선 안 된다.

네가 가난하여 고생스럽게 사느라 학업에 전념하지 못하니, 그것이 못내 걱정스럽구나. 그러나 역시 사세가 부득이한 때문이니, 어떻게 피할 수 있겠느냐? 다만 더욱 분발할 일이다. 비록 집안에 있더라도 오히려 잡다한 일을 줄이고 글을 읽을 수 있을 텐데, 어찌 살림살이를 핑계로 학업을 전폐할 수 있겠느냐?

(중략)

말한 바 학업은 네가 얼마나 마음을 독실히 가지느냐의 여부에 달린 일이다. 의지가 독실하다면 어찌 학업의 부진을 걱정하겠느냐? 의지가 그렇지 못하다면 아무리 그런 한탄을 발하더라도 소용이 없을 것이다.

－「(퇴계 형님의 손자)종도에게 보낸 편지」

너는 요사이 어떠냐? 가을걷이는 얼마나 되었느냐?

(중략)

네가 글 읽기를 전폐하였으니 부질없는 한탄만 자꾸 하게 된다. 살아가는 일이 골몰하더라도 어찌 읽을 수가 없기야 하겠느냐? 일이 끝난 뒤 여기 아서 겨울을 나면서 서원(書院)에 유생들이 드물 때에 가서 읽을 수도 있을 것이다.

  - 「아들 준에게 보냄」

35.
공부하는 학생은 공부에만 전념해야

김구지(金仇知) 등이 와서 너의 편지를 받아보았다. 무병하게 지낸다니 매우 기쁘다. 나는 전에 앓던 이질이 이제는 나았으나 다만 말을 탈 때는 두 다리가 시시로 부어올라서 몹시 걱정이다.

그리고 네가 별시(別試)를 와서 본다고 하더라도 아무 소용이 없을 것은 뻔한 일이다. 그러나 같은 곳에서 공부하는[同接²⁴⁾] 친구들이 모두 올라와서 시험을 치르고 온 사방의 사람들이 모두 구름처럼 모여들어서 북적이는데 너만 홀로 시골구석에 틀어박혀 있으면서 아무런 느낌이 없어서야 되겠느냐?

그래서 전번 편지에 친구들과 같이 올라와 과거 시험을 본 뒤 그대로 머물러서 겨울을 나라고 말했던 것이다.

그런데 지금 너의 편지를 보니 시험을 보아봤자 소용이 없을 것을 스스로 알기에 올라와서 시험을 보고 싶지 않다고 했구나. 이것은 다

---

24) 같은 곳에서 함께 공부함, 또는 함께 공부한 동무. 유사어로는 동연(同硯) 등이 있음. 여기서는 함께 공부하는 모임을 말함.

른 때문이 아니다. 네가 본래 뜻을 세운 바가 없어서 이처럼 사림(士林)들이 고무를 받아 자신들의 포부를 펴 보려는 시기에도 여전히 격앙되어 분발하려는 마음이 생기지 않기 때문이다. 나는 크게 실망했다. 그러나 이제는 친구들이 벌써 떠나버렸으니 너는 좇아올 수도 없겠구나. 그렇다면 9월 보름께에 올라올 필요가 없겠다.

서울의 집은 너무 추워서 겨울을 나기가 어렵다. 그래서 조카 복(宓)과 조윤구(曺允懼) 등도 시험을 본 뒤에는 모두 내려갈 생각이니 네가 올라온다고 하더라도 같이 공부할 사람이 없어서 올라오지 않느니만 못하다. 그러나 너는 본래 공부에 열의가 없어서 만일 집에 있으면서 하는 일 없이 세월만 보낸다면 더욱 공부는 못하게 될 테니 속히 완(完)이나 다른 뜻있는 친구들과 함께 책을 싸가지고 절에 올라가서 겨울 석 달의 긴긴 밤을 열심히 글을 읽거라.

그러다가 내년 봄에 복(宓) 등이 모두 올라오거든 그 때 너도 함께 올라와서 같이 공부하면서 여름을 나는 것이 매우 좋겠다. 네가 만일 지금에 열심히 공부하지 않는다면 살같이 가는 세월이 한 번 가버리고 나면 다시 붙잡을 수 없을 테니 끝내 농부나 대졸(隊卒)[25]이 되어서 일생을 보내려느냐? 부디 명심해서 소홀히 하지 말거라. 추수 등 집안일들이 설사 허술하게 된다 하더라도 공부하는 학생은 이런 것을 마음속에 생각해서는 안 된다.

– 「준에게 답함」

---

25) 조선 시대에, 오위(五衛) 가운데 용양위에 속한 중앙군. 총인원 3,000명이 600명씩 나뉘어 5교대로 4개월간 광화문을 경비하도록 규정되어 있었으나 실제로는 사령군(使令軍)으로 복무하였으며, 대개 양인 또는 양인이면서 천한 일을 하는 사람들로 구성되었음. 여기서는 천한 신분의 뜻.

36.
허송세월을 마라.

요사이 너는 무슨 책을 읽느냐? 학업을 전폐하고 장난질이나 하고 노닥거리면서 나날만 보내는 것은 아니냐? 세월이란 흐르는 물과 같다. 너희들이 아무런 성취를 못하고 멍청하게 된다면 종내 어떻게 세상을 살아가려느냐? 네가 이런 것을 생각해 보았느냐?

– 「준에게 보냄」

　내가 멀리 있다고 해서 네가 방심하고 놀아서는 안 된다. 매일 열심히 글을 읽어라. 그리고 만일 집에서 공부에 전념할 수 없거든 뜻이 독실한 친구들과 함께 절간에 들어가서 단단히 마음을 먹고 열심히 공부해야 하며 노닥거리며 세월을 보내거나 술이나 마시고 낚시질이나 하고 하면서 학업을 폐지해서는 안 된다. 네가 나중에 배우지 못한 무식(不學無識)한 사람이 될까봐 나는 밤낮으로 걱정인데 너는 정작 이런 것을 모르느냐?

　-「준에게 답함」

37.
가난을 잘 극복하며 열심히 공부하라.

네가 집이 없어서 (처가에) 덧붙여 살기가 어렵다고 하는데 너의 편지를 볼 때마다 며칠씩 즐겁지가 않다.

그러나 너의 자처(自處)하는 도리로 말하면 그럴수록 더욱 군건하게 스스로를 지켜서 분수에 만족하면서 천명(天命: 하늘이 내린 각자의 길(운명·사명))[26]을 기다릴 일이요 성급히 개탄하거나 불쾌한 마음을 가지고 잘못을 저지르고 조롱을 사서는 안 될 것이다. 나는 진작부터 (처가에) 덧붙여 사는 어려움을 알고 있다. 역시 가난한 형편 때문에 그렇게 된 것이다. 아비가 가난하니 자식이 가난한 것은 이상할 것이 없지 않느냐? 내가 내려가면 모든 것을 면대하여 말해주겠다.

내가 만일 벼슬살이를 한다면 봉록이 그리 박하지 않으니 너를 데려와야겠지만 이제는 벼슬하고 싶은 마음이 자꾸만 없어지니 이를 어쩐단 말이냐?

– 「준에게 답함」

네가 처가에 얹혀살고 있는 것이 본래 좋은 것은 아니다. 그러나 내가 형편이 어려워서 할 수 없이 몇 년이 지나왔는데 지금은 너의 형편이 더욱 어려우니 이를 어쩐단 말이냐?

그러나 가난은 선비라면 항용 그런 것이니 다시 무엇을 마음에 두겠느냐? 너의 아비가 평생 이 때문에 남의 비웃음을 산 것이 많으니 너라고 다를 수가 있겠느냐? 다만 굳게 참으면서 순리로 대처하고 자신을 닦아서 천명을 기다릴 일이다.

나는 지금 복직이 되었으나 병 때문에 출근이 어렵다. 내년에는 내려가야겠는데 차라리 외직(外職)을 청해 볼까 한다. 만일 이 소원이 이루어진다면 네가 따라와도 되겠으나 이루어지지 못한다면 부자가 다 같이 가난하게 살면서 여생을 보내겠다는 것이 나의 뜻이다.

내년 별시(別試)의 진사 시험은 3월 7일로, 생원 시험은 9일로 날짜가 정해졌다. 그런데 너는 공부를 미루어둔 채 쏘다니기만 하고 금년의 가을과 겨울은 더욱 그러하니 이것이 가장 큰 걱정이다. 너는 부디 뼈저린 각오로 공부에 임해야 할 것이며 행여 조금이라도 사정이 여의치 않다는 생각은 절대로 마음에 두어서는 안 될 것이다.

- 「준에게 답함」

---

26) 천명(天命): 하늘이 내린 운명 혹은 사명. 여기서는 그냥 '하늘이 내린 각자의 길' 정도로 읽으면 됨.

38.
진보하지 않으면 후퇴한다.

너희들의 학업은 내가 없다고 해서 절대로 업신여겨 폐지해서는 안 된다. 그러니 새삼 마음을 가다듬어 열심히 공부해서 기필코 성공하기를 밤낮으로 바란다.

너희들도 보았겠지만 뜻있는 선비가 어디 모두 부형이 곁에 있으면서 독촉을 해야 공부하더냐? 너희들이 모두 가까이에 보고 배울 수 있는데도 정신이 나태해서 허랑하게 세월을 보내니 자신을 포기함이 이보다 심할 수가 없다.

옛사람이 말했다. '앞으로 나아가지 않으면 그대로 머물러 있는 것이 아니라 뒤로 후퇴하게 된다.'고 말이다. 너희들이 매일 같이 진보해야 한다는 것을 모르니 매일같이 퇴보해서 끝내는 그저 그런 하찮은 사람이 되고 말 것이 두렵다.

– 「아들 준과 채에게 답함」

39.
흐리멍덩하게는 살지 마라.

묏자리를 보는[看山] 일 등이 끝났거든 즉시 절에 올라가서 글을 읽어라. 만일 사람들과 접하는 세상사들(人事應接) 등을 다 마친 뒤에 전심해서 글을 읽으려고 한다면 하루하루가 매일 같아서 결코 끝날 날이 없을 것이다. 네가 한 번 생각해 보아라. 봄 석 달 90일 중에 절에서 글 읽는 날이 며칠이고 사람들과 접하는 일(人事)에 골몰한 날이 며칠이더냐? 읽는 책은 무슨 책인지 모르겠다만 지은 글은 겨우 시(詩)와 부(賦)[27]가 각기 한 편 씩 뿐이로구나. 본래 우수하지 못한 자질이니 게으른 버릇이나마 고쳐야 할 텐데 이처럼 청처짐하여 흐늘거리기만 하니 어찌 변화를 기대하겠느냐?

　- 「아들 준에게 보냄」

---

27) 한문으로 짓는 글의 일종. 즉 한문체에서, 글귀 끝에 운을 달고 흔히 대(對)를 맞추어 짓는 글.

40.
공부를 같이할 친구를 만들어라.

영천(榮川)의 접(接)[28]을 25일에 모이는 것으로 정했다면 너는 이 날에 놓치지 말고 가서 참여해야 한다. 어제 편지를 보니 너는 여러 사람들과 같이 가겠다고 했는데 이것은 바로 네가 원대한 뜻이 없다는 것을 보여주는 하나의 단적인 예이다. 내가 계미년(중종 18, 1523)에 성균관에 들어가려고 서울로 올라갈 때 한 사람의 친구도 없이 여위고 지친 말과 종으로 뭍길과 물길을 터덜거리며 갔지만 조금도 아녀자와 같은 허전함을 느끼지 않았다. 그 길이 꼭 유익함이 있었다고는 할 수 없지만 선비의 뜻은 응당 이래야 하는 것이다.

그리고 너는 이비원(李庇遠)의 경우를 보지 않았느냐? 집안을 들여다보면 있는 것이란 사면의 벽뿐이고 처자는 굶주려서 가사(家事)를 종에게만 맡길 수 없음이 분명했겠지만 오로지 아버님의 명령을 어길

---

28) 같은 곳에서 함께 공부함. 공부 모임.

수 없고 원대한 포부를 꺾을 수 없다 하여 결연히 서울 길을 떠났던 것이다. 만약 이 사람이 너와 같았다면 어찌 이렇게 할 수 있었겠느냐?

그런데 너는 지금 하룻길밖에 안 되는 거리를 기어코 길동무를 만들어서 가야 한다고 하면서 날짜만 보내면서 그처럼 간절히 타일러도 여전히 결단을 못하고 있으니 도대체 어찌된 일이냐?

네가 지은 글은 그런 대로 크게 졸렬하지는 않으니 나는 기뻐서 잠을 못 자겠다. 너는 제발 스스로 포기하지 말고 부디 노력하거라.

- 「아들 준에게 답함」

41.
좁은 소견에서 벗어나 세상 넓은 줄 알아야

어제 네가 3일 날 보낸 편지를 받아보았다. 무사히 과업(課業)을 치른다니 위안이 된다.

지은 글이 등수에 들지 못한 것은 너로서는 당연한 결과이다. 한탄스럽다. 그러나 이것은 네가 평소에 노닥거리기만 한 결과이니 다시 무엇을 탓하겠느냐? 다만 다시 노력을 배가해서 학업의 진보를 도모할 일이요 스스로 의기를 잃어서 희망을 꺾어서는 안 될 것이다.

내가 너를 저와 같은 큰 공부 모임[大接]에 가서 참석하라고 한 이유는 이런 기회를 통하여 자신의 단점을 발견하고 남의 장점을 배워서 우물 안 개구리와 같은 좁은 소견에서 벗어나 세상이 넓은 줄을 알게 하려는 바람에서인 것이다.

그리고 나의 재능이 실제에 있어서 우월하면서도 남의 밑에 놓이는 것은 해로울 것이 없지만 만일 나의 재능이 졸렬한데도 요령으로 높은 등수에 오른다면 이는 기뻐할 만한 것이 못 되는 것이다. 이와 같은 자세로 마음가짐을 가지고 노력하는 것이 옳다.

- 「아들 준에게 답함」

42.
칼날을 세우듯 갈고 닦아야

　제사 등의 일 등이 모두 부득이하니 절에서 내려오는 것은 당연하다 하겠다. 그러나 그 뒤로 시험 때까지가 아직도 먼데 왜 그렇게도 빨리 파접(罷接: 글을 짓거나 책을 읽는 모임을 마침)을 하였느냐? 공부하는 날은 적고 속사(俗事)에 골몰한 날이 많으니 소득이 있었다고 하더라도 곧 잊어버리고 말겠구나. 마치 칼을 만드는 것과 같아서 겨우 날이 서려고 하는데 그만 벼리는 일을 중단하고 마구 사용을 하니 그 칼날이 무딜 것은 뻔한 일이다. 그렇게 해서야 되겠느냐?

　- 「아들 준에게 답함」

여러 학우들(諸君)과 글 모임[文會]²⁹⁾를 한다니 즐거운 일이다. 아순(阿淳)도 보냈다는데 다만 이 아이는 너무 공부를 안 하니 동학(同學)들에게 방해가 될까 걱정이다.

그리고 그 숙독(熟讀)한 곳의 끝에 하루 읽은 것이 익숙하지 않아 외우지 못하면 다시 익숙하도록 복습하지 않을 수 없다. 그러니 만일 동학(同學)들과 진도를 맞추어 나간다면 새 과정(課程)을 배우되 하루 중에 편리한 대로 틈을 내어서 익숙하지 못한 곳을 익숙하도록 익히는 것이 옳겠다.

  - 「안도 손자에게 답함」

---

29) 문회(文會): 글모임. 지금의 문학의 밤 같은 것.

43.
내 무덤에 비석을 세우지 마라

퇴계는 돌아가시기 4일 전 제자들을 만나던 날 오전에 조카 영(甯)
에게 유언([遺戒])을 쓰라고 하셨다.

1. 국장(國葬)의 예를 이용하지 말라. 예조(禮曹)에서는 전례에 따
   라 이용할 것을 청할 것이나 반드시 돌아가신 분의 명령이라 말
   하고 소를 올려 굳게 사양하라.

2. 유밀과(油蜜果)[30]를 쓰지 말라.

3. 비석을 세우지 마라. 그저 작은 돌에다가 그 앞 면에 '퇴도만은진
   성이공지묘(退陶晚隱眞城李公之墓: 도산에 뒤늦게 은거한 진성
   이씨 중 한 사람의 묘)'라고만 쓰고, 그 뒤에는 오직 가례에 언급

---

30) 밀가루나 쌀가루를 반죽하여 적당한 넓이와 모양으로 빚어서 바싹 말린 후 기름
   에 튀기어 꿀 또는 조청을 발라 튀밥이나 깨고물을 입힌 과자.

되어있는 고향과 조상의 내력(鄕里世系), 뜻했던 바와 행적(志行), 벼슬함과 물러남(出處)의 대체적인 것만을 간추려 써라. 이 일을 다른 사람에게 부탁하여 지을 것 같으면 반드시 실제 없었던 일을 장황하게 써서 세상의 웃음을 살 것이다.

- 『퇴계선생언행록』

▌퇴계의 묘와 비석, 안내판

'내 무덤에 비석을 세우지 마라!'는 말씀은 참으로 새겨들을 점이 많
다.

차를 타고 다니다가 보면 도로 가에 보이는 호화 분묘, 으리으리한
비석, 묘 단장 등 조상 추켜세우기는 꼴불견이다. 있는 말 없는 말을
동원하여 가능한 한 조상과 스승을 높이고 받드는 것은 결과적으로
조상과 스승을 욕보이는 일이다. 조상과 스승을 높이려는 마음은 한
마디로 후손이나 후학들의 욕심이다. 그런 행동을 통해서 자신을 높
이고 싶은 것이 아닐까. 퇴계는 이런 역사를 꿰뚫고 있는 것이다. 그래
서 '내 무덤에 비석을 세우지 마라' 퇴계의 말씀은 더욱 빛나고 있는 것
이다.

44.
벗들에게 쓴 편지를 읽으며 자신을 언행을 되돌아본다.

옛날에 말을 함부로 하지 않았던 것은 실천이 따르지 못함을 부끄러워했기(恥) 때문이다. 이제 벗들과 더불어 편지를 주고받으며 강구함에 말을 하게 된 것은 어쩔 수 없이 그렇게 된 것이지만, 스스로 부끄러움(愧)을 이기지 못하겠다. 하물며 이미 말한 뒤에 상대방은 잊지 않았는데 내가 잊은 것이 있고, 상대방과 내가 함께 잊은 것이 있다. 이는 부끄러운(恥) 일일 뿐만 아니라 거의 거리낌이 없음에 가까운 것이라서 매우 두려워할(懼) 만하다. 그 동안 예전의 상자를 찾아 편지의 원고가 남아 있는 것을 손으로 베껴 책상 옆에다 두고 때때로 살펴보고 거듭 반성하기를 그치지 아니 하였다.

- 『자성록(自省錄)』 서문

서양의 경우에도 아우구스티누스(Augustinus, Aurelius. 354- 430)의 『고백록(Confessions)』[31]같은 것이 있어 신을 찬양하며 죄를 고백한다.

그런데, 이퇴계의 『자성록(自省錄)』은 신에 대한 죄의 고백이 아니라, 남(타인)에 대한 자신의 실천의 미흡함에 대한 '부끄러움'을 극복하려는 집요한 자아성찰과 인격연마에 있다. 퇴계의 '부끄러움'에 대한 고백은, 마치 시인 윤동주가 그의 서시 「하늘을 우러러 한점 부끄럼 없기를/잎새에 이는 바람에도 나는 괴로워했다.」는 표현에 가까우리만큼, 자기 반성적-성찰적이다.

『자성록』은 언뜻 명상록이나 반성문처럼 생각할 수도 있지만 실은 학문적인 내용이 주류를 이루고 있다. 자성의 결과를 기록한 것이 아니라 평소 그의 제자들 등에게 쓴 편지를 자성의 자료로 삼기 위하여 모아놓은 일종의 서간문 편집서인 『자성록』은 총 22편의 편지로 구성되어 있다. 이 대부분은 『퇴계문집(退溪文集)』에 그대로 실려 있으며, 퇴계의 주저라 할 만큼 그의 학문과 인간적 면모를 잘 보여주는 주요 자료로 평가된다.[32]

---

31) 아우구스티누스는 초기 기독교의 교부이며 철학자이다. 『고백록(Confessions)』은 아우구스티누스의 많은 저서 가운데 가장 많이 알려지고 가장 많이 읽히는 기독교의 중요 고전 중의 하나이다. 이 책에서는 그는 하느님 찬양을 통해 자기의 '죄'를 고백하고 있다.

32) 최중석 역주, 『이퇴계의 자성록』, (서울: 국학자료원, 2003), 4-5쪽, 11-12쪽 참조.

45.
흐르는 물에 나를 굽어보다

몸을 물리니
어리석은 내 분수에 편안한데
학문이 퇴보하니
늘그막이
걱정스럽네.
퇴계 가에 비로소
거처 정하니
흐르는 물 굽어보며
날로 반성함이 생기네.

- 시 「퇴계(退溪)」

▌최재목, 「퇴계(退溪)」를 생각하며(2009. 펜과 색연필)

　동아시아의 전통 사회에서, 학식이 있던 사람들이 본명 외에 스스로 붙이거나 혹은 남에 의해 붙여지는 별명인 '호(號)'는 특별한 의미가 있다고 본다.

　말하자면, 호는 단순한 호칭이나 명칭(개념 · 관념)의 범위를 넘어서서 그 사람의 내면과 정신세계에 깊이 부착되어 '잠(箴)'과 '명(銘)'처럼 일상적 삶의 행위 · 실천에 좌표를 제시하기도 한다. 이것은 퇴계에서도 마찬가지이다.

　퇴계의 이름은 황(滉), 어른이 된 뒤에 붙이는 이름인 자(字)는 경호(景浩)이며, 퇴계(退溪)는 그의 잘 알려진 호이다. 그에게는 퇴계 외에도 도옹(陶翁) · 퇴도(退陶) · 청량산인(淸涼山人)이라는 호가 있다.

그러면 퇴계라는 호는 어떻게 해서 붙여진 것일까? 그것은 그의 고향 마을과 깊은 관계가 있다. 퇴계가 태어난 곳은 지금의 안동시 도산면 온혜리(溫惠里)이다. 그 마을에는 시내 하나가 가로지르고 있었는데, 그 이름은 원래 '토끼 토(兎)' '시내 계(溪)'[혹은 토계(土溪), 두계(兜溪)라고도 함]의 토계였다고 한다. 퇴계는, 이 이름이 아름답지 못하다고 하여 '뒤로 물러나다', '뒤로 몸을 물리다'는 뜻의 '퇴(退)' 자로 고쳐서 퇴계라고 부르고, 그것을 스스로의 호로도 삼는다.

보통 글 속에서 '퇴계'라고 하면, 단순히 시내이름일 뿐만 아니라 마을이름을 나타내는데, 퇴계가 이 '퇴계'라는 호를 사용하기 시작한 것은 46세 때이다. 이 해 5월에 그는 병이 나서 서울로 올라가지 못하여 해직되어 1년 가까이 고향에서 지내게 된다. 그 사이에도 여러 차례 주요 직위를 요청받았으나 그 자리에 나아가지 아니하였다.

46.
사람에게 글이란 무엇인가?

'글을 안 읽어도 역시 사람이고, 글을 읽어도 역시 사람이다(未讀是
書猶是人 旣讀是書猶是人)'라는 두 구절을 깊이 경계할 일이다.

– 『퇴계선생언행록』

47.
글은 일단 있는 그대로 이해하자

글을 읽는 데 굳이 색다른 뜻을 깊이 파고들 필요가 없다.
그 글을 보고 거기 나타나 있는 그대로의 뜻을 찾으면 될 것이다.

– 『퇴계선생언행록』

48.
아! 눈앞에 드러나는 훤한 길

고인(古人)도 날 못 뵈고 나도 고인 못 뵈
고인을 못 뵈어도 예던 길 앞에 있네.
예던 길 앞에 있거든 아니 예고 어쩌리.

- 「도산십이곡(陶山十二曲)」[33] 제 3곡 -

---

33) 『도산십이곡(陶山十二曲)』은 퇴계가 지은 12수의 연시조. 퇴계는 이 작품을 전육
곡(前六曲) 후육곡(後六曲)으로 나누고, 전육곡을 '언지(言志)', 후육곡을 '언학
(言學)'이라 이름 붙임. '언지'는 천석고황(산수를 사랑하는 것이 마치 불치병처
럼 지나침)의 강호은거(江湖隱居)를 읊었고, '언학'은 학문과 수양을 통한 성정(性
情)의 순정(醇正)을 읊었다고 함.『도산십이곡』은 후세 사림파(士林派) 시가의 중
심적 지표가 되었다고 평가됨.

┃「도산십이곡(陶山十二曲)」제 3곡 부분(도산서원 유물전시관 소장)

1

「도산십이곡(陶山十二曲)」제 3곡을 지금 말로 번역하면 다음과 같다.

옛 성현도 나를 보지 못하고, 나 역시 옛 성현을 뵙지 못했네.

옛 성현을 뵙지 못했지만 그 분들이 행했던 길은 가르침으로 남아 있네.

그 행하신 길이 앞에 있는데 아니 행하고 어찌할 것인가?

한용운(韓龍雲. 1879~1944)은 「님의 침묵」이란 시에서 「님은 갔지만 나는 님을 보내지 아니하였습니다.」라고 읊었듯이, 가버린 옛 사람들의 말씀과 책, 그들이 말한 문화와 전통은 여전히 우리 앞에 '의미'로서 현전(現前)하고 있다.

그래서 '고인(古人)'들이 '고인(故人)'이 아니다. 우리 앞에 남아 훤히 드러나, 넘실대며 살아 움직이고 있는 것이다. 퇴계는 그 모습을 눈으로 보고 몸으로 느끼며 시를 썼다. 그것이 지금 불후의 명작으로 읽히는 것이다.

2

퇴계에게 '이치(理)'라는 것은 '죽은' '형식적인' 것이 아니었다. 그것은 내면에서 뿐만이 아니라 자연 속에서 살아 움직이는 것이었다.

이치는 성인의 말씀을 통해서 배울 수 있는데, 성인의 말씀은 경전에 담겨있다. 그리고 성현의 말씀은 자연이 증명을 해준다. 그래서 퇴계는 성현들이 남긴 말씀과 그것(=말씀)이 담겨 있는 경전을 읽고, 그리고 나아가서는 그것을 눈앞에서 여실히 드러내 보여주는 자연을 보고 배워야 한다고 생각했다.

경전 속의 성인의 말씀과 이치는 나의 내면에서 그리고 눈앞의 자연에서 살아 움직이고 있다. 살아 움직이는 이치(理動) 앞에, 살아서 들리는 성현의 말씀 앞에 퇴계는 경건하게 서 있었던 것이다.

'고인을 못 뵈어도 예던 길 앞에 있네'라는 것은, 『성학십도』의 마지막 그림(도)인 「숙흥야매잠도(夙興夜寐箴圖)」의 잠명(箴銘)에서 말한 '성현을 마주 대하는 것(對越聖賢)'이다.

이런 태도의 퇴계의 산림 은거에서 자연을 대하는 태도로 잘 드러
난다.

3

퇴계 마을의 산림에 은거하면서 퇴계가 쓴 시속에는, 풀하나 나무
한 그루에도 경이로움으로 가득 차 있다. 일상의 기거동작과 매일의
생각과 느낌, 이것도 진리 저것도 진리였다.

퇴계가 산림은거에서 느낀 자연은 그야말로 「한가한 가운데 지나간
향기 더듬네」[34]에서처럼 지나간 향기(=옛날 책)를 더듬을 수 있는 살
아있는 경전(=교과서)이었다.

그 경전은 느리고도, 더디게, 그리고 천천히 퇴계의 삶 전체를 통해
서 음미되고 읽혀지고 있었다. 그렇다면 현대의 우리에게 자연은 무
엇인가? 우리는 자연으로부터 멀어지면서 얼마나 자연을 학대하고 경
시해왔는가? 자연을 대상화하면서 우리는 우리 스스로가 가질 수 있
었던 많은 귀중한 의미들을 얼마나 상실하고 말았는가? 우리는 지금
행복한가? 다음의 『타고르의 회상록』에 나오는 내용을 참고하면 좋겠
다.[35]

그는 강 위에 떠 있는 배에 머물고 있었다. 배 위의 작은 오두막 속
에서 그는 모든 시인들의 오랜 질문인 '미란 무엇인가?'에 대해 고심하
고 있었다. 그는 미에 관한 고대에서 현대에 이르는 책들을 뒤지고 있

---

34) 「퇴계에서 지내면서 이것저것 흥이 일어. 두수(溪居雜興. 二首)」(『퇴계집』권1).
35) 이수원, 『삶과 사랑의 미학』, (집문당, 1997), 143~144쪽에서 재인용.

었다. 그의 오두막은 미학에 관한 거의 모든 책이 있는 작은 도서관이라고 할 수 있었다. '미란 무엇인가?'라는 질문은 그가 평생을 두고 고심하던 문제였다. 왜냐하면 그는 '미란 곧 진리요 신'이라는 느낌을 갖고 있었기 때문이었다.

밤이 깊어졌다. 강은 은빛으로 빛났고, 바깥은 너무나 고요했다. 멀리서 뻐꾸기 소리가 은은히 들려올 뿐이었다. 그는 모든 생각을 잊었다. 그러다 피곤해져 책을 덮고 작을 촛불을 껐다. 그러자 갑자기 커다란 계시가 일어났다!

그가 작은 촛불을 끄는 순간 창문으로부터, 문으로부터, 모든 곳으로부터 달빛이 스며들어와 오두막 안에서 춤을 추기 시작했다.

그 순간 타고르는 큰 경외감에 젖어 말했다.

"나는 그 순간 미가 무엇인지 알았다. 나는 누구에게도 그것을 말할 수 없었고, 아직 그것을 정의 내리지 못했다. 하지만 그 순간 나는 아름다움이 무엇인지 알았다. 그 전적인 고요함, 멀리서 들리는 뻐꾸기 소리, 그리고 서서히 밀려오는 달빛…."

그는 밖으로 나갔다.

그것은 순수한 아름다움 자체였다. 전 존재가 축제를 벌이고 있었다. 그는 자신의 노트에 썼다.

"얼마나 어리석었던가! 나는 미에 대한 정의를 책에서 찾고 있는데, 미는 내 문 밖에 서 있었다니! 작은 촛불이 거대한 들의 들어옴을 마고 있었다니!"

퇴계의 산림은거는, 위의 타고르에 있어서 발견된 미(美)의 의미처럼, 살아있는 진리의 발견과 체현이었다. 물론 그 진리는 머리로 얻어진 것이 아니었다. 바로 「古人의 예던 길을 예는」 퇴계 스스로의 '온고

이지신(溫故而知新)'의 노력으로 몸소 얻은 것이었다.

　퇴계의 산거는 삶의 「일용(日用)에 힘쓰고 (삶 자체의) 경외(敬畏)를 높이는 것(勉日用, 崇敬畏)」[36]이었다. 퇴계가 산림은거[山居]에서 발견한 것은 참으로 위대한 것이었다.

　산림 은거를 통해서, 그리고 경전을 통해서, 퇴계는 그것이 죽은 것이 아니라 살아있는 진리였고, 경전이며, 바로 성현의 '말씀'이라는 것을 깨달았다.

4

　전통, 문화, 그리고 인생의 선배인 선인(先人)들의 정신은 그렇게 우리에게 살아서 핏 속으로 전해지며, 우리를 움직이는 것이리라.

　아마도 퇴계가 본 것은 바로 그런 눈앞에 훤히 드러난 절대정신으로서의 역사적 진실이었을 것이다.

---

36) 『聖學十道』, 「夙興夜寐箴圖」 가운데 있는 퇴계의 설명문.

49.
정신집중(居敬), 그리고 세상살피기(窮理)의 공부론

선생은 여러 학생들에게 투호(投壺)놀이를 시켜, 그 덕성(德性)을 관찰하였으며, 이덕홍(李德弘)을 시켜 (옛날의 천체 관측장치인) 혼천의(渾天儀)[37]를 만들어서 그것으로 하늘의 모습[天象]을 관찰하였다.

– 『퇴계선생언행록』

---

37) 원문에는 '선기옥형(璇璣玉衡)'이라 되어 있음.

▌퇴계가 즐겨 찾았던 청량산의 모습

　위의 글은 퇴계의 공부법을 재검토하는데 매우 중요한 시사를 갖는
다. 퇴계는 제자들에게 '투호(投壺)'와 같은 놀이를 통해서 '정신집중',
즉 '거경(居敬)'이라는 방법만을 썼던 것은 아니다. 옛날의 천체 관측
장치인 '혼천의(渾天儀)'를 통해서 세상을 살펴도록 한 것이다. 공부
에서 집중-수렴법과 관찰-확산법을 모두 구사하고 있는 것이다. 이를
불교 그리고 주자학과 대비하여 생각해보자.

　불교에서는 공부(참선수행)하는 방법을 크게 두 가지로 한다. 첫째,
사마타(samatha, 止)이고, 둘째, 위빠사나(vipassana, 觀)이다. 크게 보
면 사마타는 삼매(三昧. samadhi, 定), 위빠사나는 통찰지(panna, 慧,
반야)와 같다고 할 수 있다. 사마타는 올바른 삼매를 얻기 위한 방법
이고, 위빠사나는 통찰지를 얻기위한 방법이다.
　퇴계는 주자학(朱子學) 넓게는 송학(宋學)의 주요 학설인 '거경궁

리설(居敬窮理說)'의 영향을 받고 있다. 이 거경궁리설은 불교의 수행
법을 유교적으로 원만하게 잘 변용했다는 특징이 있다. 다음의 이야
기를 보자.

"송학의 거경 · 궁리설은 심리 구조로서는 불교의 정(定) · 혜(慧),
더 나아가 천태(天台)의 지관(止觀)과 통하고 있으며 그것을 모델로
하여 형성되었을 가능성이 크다. 따라서 거경(P) · 궁리(Q) 역시 '지
관의 심리 벡터도'와 마찬가지로 T자형으로 표시될 수 있을 것이다.
뿐만 아니라 거경과 궁리의 안에도 각각 다른 PQ구조가 내장되어 있
다고도 말할 수 있지 않을까? 이것을 임시로 다음과 같이 도식화하면
다음과 같다(아래 그림 참조)."[38]

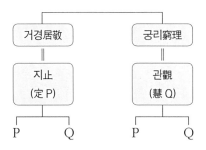

"지관(止觀)을 심의 두 가지 작용으로 추상화할 경우, 아래 그림과
같이 '누운 T자'형 모델로 표시해 둘 순 없을까. P는 지(止)를 나타낸
다. 밑으로 향한 화살표는 영점을 향해 심이 침정화(沈靜化)하는 벡터

38) 미우라 구니오, 『주자와 기 그리고 몸』, 이승연 옮김, (서울: 예문서원, 2003), 244
쪽. 문장은 인용시에 약간 고쳤음.

이다. 이것을 '가라앉는 의식'이라 부르기로 하겠다. Q는 관(觀)이다.
좌우로 뻗은 화살표는 관의 시선의 방향을 보여준다. 왼쪽은 내경(內
境) 즉 자기의 마음을 향하고 있고, 오른쪽은 외경(外境) (즉 바깥세
상)을 향하고 있다(아래 그림 참조). 이것을 '보는 의식'이라 부르도록
한다."[39]

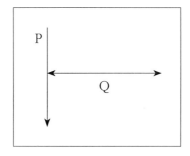

---

39) 미우라 구니오, 『주자와 기 그리고 몸』, 221쪽. 문장은 인용시에 약간 고쳤음.

50.
각양각색의 개성

예를 들어 여기 하나의 꽃송이를 가지고 보기로 하자. 더러 일찍 피기도 하고 늦게 피기도 하여, 더러 크기도 하고 작기도 하며, 더러 매우 아름답기도 하고 그저 약간 곱기도 하여, 그 각자의 분수가 한결같지 않다.

생각건대 기운이 한결같지 않은 것도 이 꽃과 같은 것이다. 대저 우선 우리 인간이 특히 우수한 기운을 타고난 이치를 먼저 살펴보기로 하자.

이 이치를 자세히 보아서 거기에 익숙해지면, 그 밖의 부여받음이 한결같지 않은 각양각색의 것들에 대해서도 저절로 깨닫게 될 것이다.

『복조부(鵩鳥賦)』⁴⁰⁾를 읽지 않았는가?

거기에, '천지를 풀무로 삼고, 조화(造化)를 대장장이로 삼고, 음양

---

40) 중국 전한 초기의 사상가 가의(賈誼, BC 201~BC 168)가 지은 책.

을 숯으로 삼고, 만물을 버리어 낼 쇳덩이로 삼는다'고 말하지 않았던
가?

이 말이 매우 좋다.

－『퇴계선생언행록』

51.
방심하지 마라

　일찍이 금문원(琴聞遠)의 집에 간 일이 있다. 산길이 험하여, 갈 때
는 고삐를 잡고 조심스레 몰면서 줄곧 마음을 놓지 않았다. 그런데 돌
아올 적엔 술이 약간 취하여 갈 적의 길이 험했다는 생각은 깜박 잊고,
마치 탄탄대로인 것처럼 마음을 탁 놓고 왔다. 이처럼 마음의 다잡음
과 풀림이 매우 두려운 것이다.

　- 『퇴계선생언행록』

52.
사람은 마음가짐이 가장 어렵다

일찍이 스스로 경험하여 보았는데, 발 한 걸음 옮기는 사이의 마음
이 그 한 걸음 동안도 지니기 어렵더라.

- 『퇴계선생언행록』

53.
자기 이름의 뜻은 알아야

이덕홍(李德弘)이 젊을 때의 일이다. 선생이 불러서 말하기를,

"그대는 그대의 이름이 의미하는 뜻을 아는가?"

라고 하므로,

"모릅니다."

라고 하니, 이렇게 말하였다.

"덕(德)'자는 '갈 행(行)'자, '곧을 직(直)'자, '마음 심(心)'자를 따라서 만들어진 글자로, 곧 '올바른 마음으로 행하라[行直心]'는 뜻이다. 옛사람은 이름을 지을 때에 반드시 그 사람을 따라서 지었던 것이다. 그대는 이 점을 깊이 인식하라."

- 『퇴계선생언행록』

54.
제사 지낼 적엔 조상이 계신 듯 정성을 다해야

선생은 제사를 마치고 자리를 걷은 뒤에도 오랫동안 신위(神位)[41]를 향하여 앉아 있었다.

－『퇴계선생언행록』

---

41) 죽은 사람의 영혼이 의지할 자리[位]나 신주(神主)를 모셔 두는 자리를 말함.

55.
음식 투정을 하지마라.

선생이 일찍이 말씀하기를,

"나는 정말 복이 박한 사람인가 보다. 좋은 음식을 먹으면, 흡사 기분에 체하는 것 같아 편치가 않고, 고담(苦淡)[42]한 음식을 먹어야만 속이 편하다."

라고 하였다.

－『퇴계선생언행록』

---

42) (음식이 잘 만들어지지 못하여) 엉성하고(苦), (양념 등이 잘 가미되지 않아) 담박한 것을 말함.

선생은 손님을 대하여 음식을 먹을 때, 수저 소리가 들리지 않았다. 그 음식의 예절은 매 끼니마다 두서너 가지에 불과했으며, 더운 철에는 단지 말린 고기(脯乾)뿐이었다.

  - 『퇴계선생언행록』

일찍이 도산에서 모시고 식사한 적이 있는데, 상에는 단지 가짓잎 무나물   미역뿐이었으며 더 이상 없었다.

　- 『퇴계선생언행록』

선생이 일찍이 서울에 올라와서 서성(西城) 안에 우거했는데, 그 때의 좌의정[左相] 권철(權轍)이 찾아 뵈웠다. 선생이 밥을 차려 대접하는데 반찬이 담박(淡薄. 맛이 없음)해서 먹을 수가 없었으나, 선생은 마치 진미(珍味)인 양 들면서 조금도 먹기를 어려워하는 기색이 없었다. 권공은 끝내 먹지를 못하고 물러 나와서 사람들에게 "지금까지 입버릇을 잘못 길러서 이렇게까지 되었으니 매우 부끄럽다."고 하였다.

　- 『퇴계선생언행록』

56.
공부에서 '터'와 '집'-『소학(小學)』과 『대학(大學)』

『소학(小學)』은 그 처음을 이루는 학문이며 『대학(大學)』은 그 끝을 이루는 학문입니다.

집을 짓는 일에 이것을 비유한다면, 『소학』은 터를 닦고 자재를 준비하는 것과 같으며, 『대학』은 천만 칸의 큰 집을 그 터에다 세우는 것과 같습니다. 터만 닦아 놓고 집을 세우지 않는다면, 이는 아무 결과가 없는 것이며, 천만 칸의 큰 집을 지으려고 하면서 터를 닦지 않는다면 역시 집을 지을 수 없습니다. 그래서 『소학』과 『대학』은 성학(聖學)의 처음과 끝이 되는 것입니다.

(…중략)

『대학』이라는 큰 건물의 뼈대 속에 이 『소학』을 채워놓고, 그 밖에 『논어』·『맹자』·『중용』 및 『시(時)』·『서(書)』같은 글들을 모두 이 『대학』의 틀 속에 채워 넣어서 꾸미고 단장하여야 합니다. 이제 비록 『소학』의 강을 마쳤지만, 역시 항상 유념하는 것이 좋습니다.

- 『퇴계선생언행록』

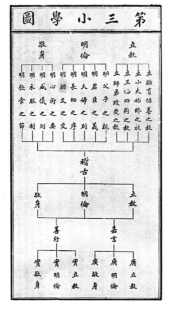

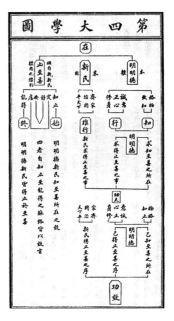

┃『성학십도』 제3도 「소학도」　　　┃『성학십도』 제4도 「대학도」

57.
남의 잘못 · 허물을 애석해하고 덮어줘야

남의 잘못을 말하지 않았으나 혹시 들리는 것이 있으면 반드시 애석해하는 마음을 가졌다.

당시 정치하는 일의 빠진 점이나 잘못된 점에 대하여 말하지 않았으나 혹시 들리는 것이 있으면 반드시 얼굴에 근심하는 빛을 발하였다.

- 『퇴계선생언행록』

58.
형제 간에 서로 지켜야 할 일

(제자인 김성일이) 물었다.

"형제간에 잘못이 있으면 서로 말하여 줄 수 있는 것입니까?"

(퇴계)선생이 다음과 같이 말씀하였다.

"우선 나의 성의를 다하여 상대방을 감동하도록 한 다음이라야 비로소 서로간의 의리를 해치는 일이 없을 것이다. 만일 서로 간에 성의로 부합함이 없이 대뜸 정면적인 말로 나무란다면 서로 사이가 벌어지지 않는 경우가 드물 것이다. 그래서 흔히 '형제간에 기쁘고 즐거워한다[怡怡].'고 하는데 진실로 이 때문이다."

- 『퇴계선생언행록』

무릇 형제들 사이에는 모든 일을 공평하게 한 후에야 집안의 법도가 허물어지지 않을 것이다. 공평하게 하지 않고도 그 마음이 편안할 수 있는 것은 사람으로서는 어려운 것이다. 네가 이것에 대하여 마땅히 돌이켜 생각하여 말하기를 "내 동생이 받은 노비를 보니 오히려 나보다 부족하구나. 내가 만일 더 받는다면 내 동생은 또 더 부족할 것이다"라고 해야 할 것이다. 형제는 한 몸이니, 한 몸이란 것은 역시 마땅히 마음도 하나이다. 내 동생의 부족함을 나의 부족함으로 여긴다면, 우애의 마음이 구름과 같이 일어나 다른 생각이 저절로 소멸되어 없어질 것이다.

– 「준에게 답함」

59.
있는 그대로도 볼 줄 알아야.

(이덕홍이) 일찍이 산당(山堂)[43]에서 모시고 앉아 있었는데, 마침 앞거리에서 말을 타고 지나가는 사람이 있었다.

일 보는 중(스님)이 말하기를,

"저 사람 이상하구나. 나으리 앞을 지나가면서 말에서 내리지를 않다니."

라고 하니,

(퇴계)선생이 이렇게 말했다.

"말 타고 가는 자의 모습이 마치 그림 속의 사람 같구나. 도리어 하나의 아름다운 멋을 더하였는데 무슨 잘못이 있단 말인가?"

– 『퇴계선생언행록』

---

43) 공부와 거처를 위해 산 속에 지은 집.

60.
젊은 날, 천 번을 갈고 닦아야

백 번 삶아내면 실오리도 희어지고
천 번 갈고 갈면 거울도 밝아지리.
늙은 이 사람도 오히려 뜻을 두는데
젊은 나이로 어찌 헛되게 산단 말인가.

– 「김응순(金應順)의 시에 차운한 시」

『고경중마방(古鏡重磨方)』(도산서원 소장)

1

한 마디로 정신이 번쩍 들게 하는 시 구절이다.

퇴계는 '백번 갉고 갉아내'고, '천 번 갈고 갈' 것을 제안한다. "나이가 든 자신도 이렇게 배움에 뜻을 두는데 하물며 젊은 세대야!"라고 충고한다.

퇴계는 이미 『고경중마방(古鏡重磨方)』이란 책에서 "옛 거울 오래도록 파묻혀 있었기에/거듭 닦아도 쉬이 빛나질 않건만/본래 밝은 것이라 여전히 어두워지지 않는 법/선현이 남긴 (거울 닦는) 방법이 있어/사람의 삶에 늙고 젊음 할 것 없이/이 일에 스스로 힘씀을 귀하게 여기게."라고 읊은 바 있다.

미완성의 인간은 '천번 갈고 갈'아서, 자신의 '거울'='내면'(명덕)을

닦아서 밝혀야 한다. 그러면 때가 끼어 '쉬이 빛나지' 않는 거울도 '밝
아진다'는 것이다.

자신의 부족함을 인정하고 부단히, 철저히 노력하는 인간을 퇴계는
바라고 있다.

2

그런데, 거울이란 무엇일까?

거울(鏡, mirror)은,「이제는 돌아와 거울 앞에 선/내 누님같이 생긴
꽃이여.」라는 서정주의 시 「국화 옆에서」에 나오는 거울처럼, 여인들
이 화장을 하거나 머리를 곱게 매만지고 옷매무새를 가다듬을 때 사
용하는 생활필수품 중의 하나이다.

거울은 빛의 반사를 이용하여 물체의 형상을 비추어 보는 도구로
서, 표면이 평평한 유리판 뒷면에 수은(水銀)을 바르고 그 위에 습기
를 막기 위하여 연단(鉛丹)을 칠한다. 이것은 현대적 의미의 거울을
의미하는 것이다.

이처럼 거울이라는 한 '형태'가 탄생하여 우리 삶과 지성사 깊숙이
들어오기까지는, 말하자면 '탁월한 기술과 직감력을 지닌 공예가나
장인(匠人)들, 혹은 예민한 감각으로 삼라만상에 깃들어 있는 눈에 보
이지 않는 영력(靈力)을 느낄 수 있는 수많은 사람들이 존재'[44]했음을

---

44) 스기우라 고헤이, 『형태의 탄생』, 송태욱 옮김, (서울: 안그라픽스, 2005), 265쪽.

잊어서는 안 된다.

국어사전의 '거울'이란 항목을 살펴보면, 보통 〈㉠빛의 반사를 이용하여 물체의 모양을 비추어 보는 물건 ㉡어떤 사실을 그대로 드러내거나 보여 주는 것을 비유적으로 이르는 말 ㉢모범이나 교훈이 될 만한 것〉이라고 정의되어 있다. 그리고 한자의 자전(字典)에서는 '경(鏡)' 자를 〈㉠거울, ㉡모범(模範), ㉢본보기, ㉣안경, ㉤비추다, ㉥비추어보다〉등의 뜻으로 하고 있다. 이처럼 거울에는, '비추어보다/비추다'→'본보기'→'모범' 등의 뜻이 문화사, 생활사, 지성사와 맞물려 중층적이고도 복합적인 의미가 갖춰지게 되었다.

거울은 문학에서만이 아니라 철학사상에서 매우 중요한 비유로 활용된다. 그리고 거울은 한편에서는 어떤 사물을 그대로 드러내거나 보여 주는 것으로 은유되기도 하지만, 다른 편에서는 모범이나 교훈이 될 만한 본보기의 뜻으로 사용되기도 한다. 이 두 가지가 중첩되며 서로 다른 흐름을 형성하기도 한다.

거울은 문학에서도 중요한 소재가 된다. 다시 말해서 '거울'은 '사물과 인간을 있는 그대로 비추는 것'→'자아성찰'의 의미를 갖는다. 그래서 명경지수(明鏡止水: 밝은 거울과 잔잔한 물)는 삶의 이상이 된다.

시인 이상(李箱. 1910~1937)은 '거울'이란 시에서 「거울아니었든들내가어찌거울속의나를만나보기만이라도햇겠오.」라고 했다.
그리고 윤동주(尹東柱. 1917~1945)는 그의 시 '참회록'에서 「파란

녹이 낀 구리 거울 속에/내 얼굴이 남아 있는 것은 (중략) 밤이면 밤마
다 나의 거울을/손바닥으로 발바닥으로 닦아 보자.// 그러면 어느 운
석(隕石) 밑으로 홀로 걸어가는/슬픈 사람의 뒷모양이/거울 속에 나
타나온다.」라 했다. 이들 거울은 근대 이후 우리가 흔히 보는 유리제
거울이다. 그런데, 윤동주의 시 '자화상'에서 「산모퉁이를 돌아 논가
외딴 우물을 홀로 찾아가선 가만히 들여다 봅니다./우물 속에는 달이
밝고 구름이 흐르고 하늘이 펼치고/바람이 불고 가을이 있습니다.//그
리고 한 사나이가 있습니다.」라고 한 데서 알 수 있듯이, 우물을 거울
에 비유한 경우도 있다. 아마도 이것은 거울의 원초적 형태가 아닐까.

거울의 역사를 압축한다면, 유리 거울 이전에는 금속 거울(靑銅
鏡 등)이 있었고, 금속 거울 이전에는 수면에 자기 모습을 비추어
보는 물거울(水鏡)[45]이 있었다. 요정 에코의 사랑을 거절한 나르시
스(Narcissus)는 물에 비친 제 모습에 반하여 죽은 다음에 수선화
로 환생한다.[46] 거울의 기원이 되는 것은, 그리스 신화의 나르시즘
(narcissism. 자기/자아 도취증)이 암시하듯, '물거울(水鏡)'의 발견으
로 추정된다. 물거울은, '맑은 거울과 고요한 물'(→ 티 없이 맑고 고
요한 심경)이란 뜻의 '명경지수(明鏡止水)'란 말의 형태로 그 의미가
유전되고 있다.

명경지수는 이상적 마음, 최고 단계의 심성을 말한다. 거울은 마음

---

45) 물거울 즉 수경(水鏡)은 '물이 물체의 모양을 있는 그대로 비추다'는 뜻이다. 여기
서 보통 ①'거울처럼 사물(事物)을 거짓 없이 그대로 비추다'(→'사사로움이 조금
도 없다'), ②'사물을 냉철하게 판단하여 남의 모범이 되다'는 것을 비유할 때 쓰인
다.
46) 한국교육문화사, 『원색세계대백과사전』, (서울: 교육문화사, 1994), 5쪽.

을 밝히는 것이라는 것이라는 의미에서 '귀감, 본보기'로 풀이될 수 있다. 『명심보감(明心寶鑑)』이라는 말이 그 좋은 예이다.

▌물 거울로 사용되던 그릇(우측) 한국교육문화사, 『원색세계대백과사전』, (서울:교육문화사, 1994), 5쪽.

▌王宏源, 『漢字字源入門』(北京: 華語教學出版社, 2004), 139쪽

3

퇴계의 거울의 비유는 동아시아 사상사에서도 독특한 의미를 갖는다. 이 점을 약간 보완 해두고자 한다.

퇴계 사상은 '거울(鏡)'의 은유로 구축되어 있다고 해도 과언이 아니며, 그 정점에 놓여 있는 것이 퇴계 59세(1559년)에 편집한 『고경중마방(古鏡重磨方)』이라 생각된다.

사실 퇴계사상에서 거울의 은유는 단지 『고경중마방』에 머물지 않는다. 그가 자연 속에서 자신을 성찰한 시집 『퇴계잡영(退溪雜詠)』·『도산잡영(陶山雜詠)』·『도산십이곡(陶山十二曲)』 등의 시, 총 22편의 편지를 편집한 『자성록(自省錄)』, 17세의 소년왕 선조가 자신을 성찰·연마하여 국정에 온전히 힘쓰도록 하기 위해 신유학의 도설, 이론을 모아 열 폭의 그림으로 편집한 『성학십도(聖學十圖)』는 모두 거울의 은유로 짜여 있다. 이들 주요 저작의 근저에는 퇴계 학문의 결정체라 할 수 있는 '경(敬)'의 심학적 수양 방법론이 놓여있다. 그래서 퇴계의 이러한 심학적 수양 방법론을, '경서(經書)·성현(聖賢)·리(理)'를 강조하고,「리(理)」와 하나 되는 '거울을 단 고요한 마음'의 지향」이라 표현하는 것도 가능할 것이다.

『퇴계잡영』과 『도산십이곡』은 '고인의 예던 길'·'성현의 말씀', 그리고 천지자연의 변화의 이치를 담은 성실한 '자연'을 자신의 거울로 삼아서 노래한 것이었고, 『자성록』은 '스스로를 돌이켜보기 위한 것'

이고, 『고경중마방』은 '성현이 남긴 잠언(箴言), 경계의 말씀(警句)을 거울로 삼아 자신을 반성하기 위한 것'이었고, 『도산잡영』은 퇴계마을에서 자신을 자연이라는 거울에 비추어보고 그 느낌을 읊은 것이었으며, 그의 만년의 사상을 함축한 편저 『성학십도』는 그것을 올리는 글(「진성학십도차(進聖學十圖箚)」) 속에서 밝히듯이 17세의 소년왕 선조가 '깊게 생각하고 익히며(思之習之), 참되게 실천하며(眞踐履之), 반성을 정밀하게 하며(省察者愈精愈密), 끊임없이 실천하는(反復終始)'[47] 자료로 삼으라는 것이었다.

47) 이동건은 「退溪先生의 自己革新」이란 글에서 퇴계 『성학십도』의 핵심을 '깊게 생각하고 익히고, 실천하고 반성하고, 실천을 거듭하는(思之習之, 眞踐反復, 反復終始)' 것으로 요약하고 있다(이동건, 「退溪先生의 自己革新」, 『2008 동계 초등 1급 정교사 자격연수 · I』, (대구: 대구광역시교육연수원, 2008), 5쪽 참조).

최 재 목

현재 영남대학에서 철학(동양철학)을 강의하는 최재목은 상주군 모동면이라는 시골 산골에서 태어나, 어릴 적부터 시를 쓰기 시작하여, 고등학교 때부터는 본격적인 시작(詩作) 활동을 하였다. 대학 시절에 첫 시집을 내며 왕성한 작품 활동을 하였다. 1987년 일본 유학을 하던 때 대구매일신춘문예에 '나는 폐차가 되고 싶다'는 시로 등단하였다. 이후 철학 교수가 된 뒤에 『나는 폐차가 되고 싶다』, 『가슴에서 뜨거웠다면 모두 희망이다』, 『길은 가끔 산으로도 접어든다』, 『해피만다라』 등의 시집을 낸 바 있다. 특히 딱 열(10)자로만 쓰는 이른바 '열자 시'를 처음 시도하여, 『잠들지 마라 잊혀져간다』로 엮은 바 있다.

최재목은 시인으로 활동하면서, 틈틈이 그린 그림과 에세이를 담아 『시를 그리고 그림을 쓰다』라는 책을 펴냈다.

또한 세상과의 걸림 없는 글쓰기에 대한 구상을 풀어낸 『늪-글쓰기와 상상력의 유비쿼터스 네트워크-』, 네덜란드에 머물며 유럽의 이곳저곳을 여행하면서 인문학-철학의 안목에서 그 풍경과 의미를 스케치한 『동양철학자 유럽을 거닐다』 와 같은 책을 펴냈다.

최재목은 그동안 전문적인 철학 활동 외에도 칼럼니스트로, 미술 · 사진 · 문학 · 예술 등의 문화평론가로서 활동하며, 많은 철학-인문학-문화-고전에 대한 대중강의를 해오고 있다. 이러한 최근의 활동은 『터벅터벅의 형식』, 『길 위의 인문학-희(希)의 상실, 고전과 낭만의 상처』, 『상처의 형식과 시학』으로 일부 드러나고 있다.

퇴계가 소년들에게

초판 인쇄 | 2018년 7월 31일
초판 발행 | 2018년 7월 31일

지 은 이 최재목

책 임 편 집 윤수경

발 행 처 도서출판 지식과교양
등 록 번 호 제2010-19호
주　　소 서울시 도봉구 삼양로142길 7-6(쌍문동) 백상 102호
전　　화 (02) 900-4520 (대표) / 편집부 (02) 996-0041
팩　　스 (02) 996-0043
전 자 우 편 kncbook@hanmail.net

ISBN 978-89-6764-123-8 03100　　　　　　　　　　**정가** 12,000원